살고 싶은

집

단 독 주 택

유은혜 지음

동아일보사

차 례

생각해보셨나요? 006
내가 살고 싶은 집, 당신이 살고 싶은 집, 내 마음이 사는 집

서울에서 단독주택 찾기

022 약간의 입지적 불편과 난방비를 감수할 자세가 되어 있나?
     아파트 팔아 빚도 갚고 집도 살 수 있다 도심 속 단독주택

038 싱글 혹은 신혼부부를 위한 합리적 제안
     운치와 개성을 담은 한옥 원룸

052 내 아이는 꼭 마당 있는 집에서 키우고 싶다!
     아이와 함께 누리는 마당 깊은 집

066 꿈, 꾸면 이루어진다! 빌라에서 한옥, 한옥에서 이층양옥으로
     건너뛰기로 마련한 한옥마을 모던 하우스

080 집, 일터를 품다! 집 안의 숍, 혹은 숍 안에 집
     소박한 두 개의 방과 마당이 있는 아주 특별한 의상실

094 집, 일터를 품다! 전망 좋은 집의 주차장을 멋진 카페로
     위 아래를 나누어 1층은 카페 2층은 작업실 3층은 집

108 집, 일터를 품다! 창문 밖 테라스를 로스팅 하우스로
     90만 원으로 뚝딱! 처마 밑 1.5평 커피집

집, 어떻게 구해야 하나   121
돈, 어떻게 마련해야 하나   130
집 고치기, 집 짓기 어떻게 해야 하나 229

서울 근교에서 단독주택 찾기

땅콩집의 또 다른 버전 142
주부 재테크의 진수 외콩집 날다

적은 가구라도 외롭지 않은 전원마을의 단독주택 160
2억 2천 합리적 예산으로 지은 아주 괜찮은 집

집주인이 직접 설계하고 지은 집 174
로망과 현실을 동시에 만족 시긴 도시 생활형 전원주택

집, 일터를 품다! 집을 카페로 190
주인장과 손님들의 '보물찾기' 공간의 스토리텔링화

집, 일터를 품다! 집을 작업실+숍으로 204
아날로그적 감성을 품은 한 지붕 세 공간

집, 일터를 품다! 집을 빵집으로 216
프랑스 빵 굽는 동네 빵집 30년 된 가정집 1층

누구나 꿈꾸는 집

242 입지적 한계는 오히려 득이 될 수 있다!
설계가 돋보이는 언덕 위의 집

260 집이 곧, 그 집에 사는 사람이다!
집, 너는 무엇이냐? 철학이 있는 집

278 집은 가족의 이야기다!
가족애가 느껴지는 삼대가 함께 짓고 함께 엮는 집

292 새로운 형태의 집, 모델하우스로 보다!
마당이 있고 이웃이 있는 중소형 타운하우스

304 친환경 미래형 집, 모델하우스로 보다!
앞선 기술로 지은 일본식 단독주택

집구하기부터 짓거나 고치고, 살기까지

살고 싶은 집

단 독 주 택

생각해보셨나요?

내가 살고싶은
집

당신이 살고 싶은
집

내 마음이 사는
집

얼마 전 나는 살던 아파트를 팔았다. 이사하는 것이 귀찮아 집의 크기를 조금 줄여서라도 맘 편히 살자는 생각으로 장만한 작은 집이었다. 집을 살 때만 해도 이런 생각이었다. 일단 아이를 돌봐주시는 부모님 주변에 살아야 하니 다른 동네를 선택할 여지가 없고, 오래된 아파트이니 집값 오른다는 기대는 하지 말자, 이사하지 않아도 되는 주거의 안정감을 갖는 데 만족하자는 정도였다. 그렇게 다짐했는데도 연일 부동산 소식을 전하는 뉴스나 신문을 보면서 아파트 값에 초연해지기란 쉽지 않았다. 값이 떨어진다 해도 걱정이지만 조금씩 올라도 이러다 떨어지면 어쩌나 조바심 나기는 마찬가지였다.

하지만 가장 큰 문제는 그 집이 우리 가족에게 잘 맞지 않는다는 것이었다. 잠깐씩이라도 독립된 공간에 있고 싶은데 대부분의 아파트가 그렇듯 거실을 중심으로 모든 공간이 한눈에 들어오고 어디에 있어도 집 안의 움직임과 소리가 감지되는 것도 피로감을 주었다. 몇 번씩이나 가구를 옮기고 공간 배치를 바꿔가며 용을 써봐도 만족스럽지 않았고, 자연히 집에 있는 시간이 아주 편하지는 않았다(혼자 있을 때만 빼고 말이다). 단지 집이 좁아서가 아니다. 자유롭게 뭔가를 시도하기엔 한계가 있는 아파트의 구조, 가장 큰 문제는 내가 살고 싶은 집에 대한 밑그림이 없는 상태에서 덜컥 집을 정한 것이 우리의 불찰이었다. 그리고 모두들 아파트를 사니까 별 고민 없이 저지른 내 집 장만의 결과였다. 그제야 우리가 살고 싶은 집에 대해 물음표를 던졌고, 적어도 아파트는 아니라는 결론에 닿았다. 그것이 내가 집을 판 이유였다.

물론 마음에 드는 집을 구한 다음 이사 하는 방법도 있지만 그때가 되어 집이 팔리지 않을 수도 있고, 그러다 보면 좋은 기회를 놓칠 수도 있을 것 같았다. 솔직히 말하면 집값이 떨어지기 전에 팔자는 계산속도 없지 않았다. 그래서 부담 없이 전세로 살면서 원하는 집에 대한 그림을 그리고 인연이 닿는 집을 찾았을 때 바로 실행에 옮기자는 계획을 세웠다. 주변에선 왜 일부러 세입자를 자청하느냐며 이해할 수 없다는 반응도 적지 않았다. 내가 살던 집을 사기로 계약한 분마저 대출 받아 더 넓은 아파트를 사라며 안타까워했다. 그렇게 해서 새로 구한 집, 그 집도 역시 아파트다. 하지만 지금 마음은 한결 편하다. 내가 살고 싶은 집에 대한 꿈을 꾸고 있기 때문이다.

단독주택을 꿈꾸는 당신이 단독주택으로 못 가는 이유

2011년, 한 필지에 두 채의 집을 짓는다는 '땅콩집'이 그야말로 혜성처럼 등장했다. 아파트를 비롯한 공동주택의 주거 문화에 익숙한 우리에게 함께할 이웃과 정감 있는 마당과 편리한 내부 공간과 독립성, 거기에 저렴한 건축비까지 보장한다고 하니 지금의 현실에선 들어본 적 없는, 눈이 번쩍 뜨이는 제안이었다. 그 구체적인 내막이야 잘 모르겠지만, 땅콩주택을 계기로 많은 사람이 아파트에 살면서 못 누린 공간에 대한 아쉬움과 행복에 대한 갈망을 해보았을 것이라고 짐작한다. 그건 땅콩집을 시작으로 여러 건설사에서 쏟아내는 다양한 형태의 새 주거 공간과 아파트에서 단독주택으로 눈길을 돌리는 사람들의 반응이 말해주고 있다.

그래서 이제는 단독주택이 대세인 것 같다. 2011년 단독주택 거래량과 신축 실적이 전년도보다 눈에 띄게 증가했다는 통계만 봐도 그렇다. 보통 사람들의 재테크 수단이었던 아파트가 예전만큼 힘을 발휘하지 못하자 그렇다면 내가 원하는 삶을 누리겠다는 마음이 반영되었기 때문일 것이다.

가까운 지인 중에도 그런 사례가 있다. 2010년 그는 급매로 나온 아파트를 시세보다 무려 30퍼센트 가까이 싸게 샀다. 그때 사자마자 돈 벌었다며 엄청 좋아했더랬다. 더불어 집은 '역시 아파트가 최고'라고 했던 그였다. 그러던 그가 얼마 전 불현듯 단독주택에 살고 싶다는 것이다. "살아보니 불편해요. 위아랫집 신경도 써야 하고 옆집에서 크게 얘기하는 것도 다 들리고 사생활이 지나치게 노출되는 것 같아 조심스럽고요. 세 들어 살 때는 맘에 안 들면 계약 기간 채우고 이사 가면 된다고 생각했는데, 이제는 그렇게 쉽게 움직이기도 힘들고…. 마음 같아서는 손바닥만 한 마당이라도 있어서 아이랑 상추 키우면서 살면 딱 좋겠어요. 주택에 사는 친척집이랑 아는 선배 집에 가보니까 그런 마음이 더 커지는 거 있죠. 그래서 요즘 인터넷으로 열심히 단독주택 찾아보고, 이 동네 저 동네 걸어 다니면서 보고 그래요."

지인의 지인 중에는 한강변이 훤히 내다보이는 전망 좋은 아파트에 살면서 나름 만족했는데도 요즘 들어선 생각이 완전히 바뀌었다는 경우도 있다. 신혼 때는 잘 몰랐는데, 아이를 낳고 보니 걸리는 게 한두 가지가 아니라는 것. 일단 자동차 지나다니는 소리가 너무 크고, 먼지 때문에 문을 열어놓을 수도 없고, 아이가 별로 뛰는 것 같지도 않은데 아래층 할머니가 자꾸 주의를 주고 해서 여러 모로 불편하다는 것이다. 그러던 중 TV에 나온 땅콩집을 보고는 '바로 이거다' 싶었단다. 그때부터 자신들이 살 단독주택을 열심히 찾기 시작했다고 한다. 꽤 오래전의 일이다.

그런데 그는 아직도 원하는 집을 찾지 못했다. 이유는 또 다양하다. 여러 집을 보고 나니 과연 관리를 잘 하면서 살 수 있을까, 하다못해 쓰레기 처리부터 장보기, 방범 문제, 아이의 교육 환경까지 공동주택 단지와는 많이 다른 단독주택 주변 현실을 자신들이 잘 이겨낼 수 있을까, 막상 원하는 집을 찾고 나니 이렇게 새롭게 생겨나는 걱정거리가 한두 가지가 아니었다고 한다. 그럼에도 아파트보단 단독주택을 선택해야겠다는 생각에 변화가 없자, 그렇다면 일단 전세로 살아보고 결정하자는 마음으로 다시 집을 보러 다녔단다. 그런데 이번에는 아파트에 꼭 맞춰진 살림을 주택 구조에 어떻게 맞추느냐가 문제였다. 그는 결국 살던 아파트의 계약을 연장하고 아직도 그곳에서 살고 있다. 마음 안에 단독주택에 대한 로망을 잔뜩 가지고서 말이다.

아마도 많은 사람이 이런 비슷한 고민을 하지 않을까 싶다. 그만큼 아파트에서 단독주택으로의 이동은 단순한 공간의 변화가 아니라 삶의 변화를 수반하는 중대한 선택이다. 실제로 현실적인 부분을 고민하지 않은 채 로망만으로 섣불리 결정했다가 후회하고 되돌아가는 사람이 많다. 단독주택에 사는 여러 사람을 만나 들은 얘기 중에는 이런 경우도 있다.

서울의 공기 좋은 동네에 지은 근사한 이층집이었는데 집주인이 해외 근무를 나가면서 전세를 내주었다. 집을 구경한 세입자가 적극적으로 나서 계약이 성사되었다. 그런데 얼마나 지났을까 세입자에게서 전화가 걸려왔다. 집에 벌레가 있으니 해충 방제 시스템을 설치해달라는 것. 그 집은 뒤쪽에 산이 있어 벌레가 있을 수밖에 없는 환경이고, 집주인도 그것을 자연스럽게 여기며 살아온 터. 집의 위생 상태가 불량해서가 아니라 한옥에 벌레가 있는 것처럼 자연스러운 일이었다. 결국 세입자는 계약 기간을 채우지 못하고 이사 가버렸다고 한다. 해외 근무를 마치고 돌아온 집주인은 그 집에서 만족스럽게 잘 살고 있다. 그 집주인은 말했다. "그런 정도도 수용할 수 없으면 그냥 아파트에 살아야죠."

이처럼 아파트에 살던 사람이 주저 없이 단독주택행을 실행하기란 말처럼 쉽지가 않다. 왜? 첫째는 자신의 현실과 이상 사이의 거리가 너무 멀어서, 둘째는 아파트와 다른 환경에 어떻게 적응해야 할지 감이 잡히지 않아서, 셋째는 여전히 재테크 수단으로서의 집을 포기하지 못하기 때문이다.

문제는, 아파트냐 단독주택이냐가 아니다

나의 절친은 5년 전 일찌감치 단독주택을 택했다. 누구나 선망하는 동네가 아니라 다가구주택이 모여 있는, 그때나 지금이나 집값이 저렴한 서울의 변두리 주택가다. 그녀가 단독주택으로 간 사연은 이렇다. 아파트에 살던 그녀는 첫째 아들이 네 살쯤 되었을 때 임신 중인 둘째도 사내아이라는 걸 알고 고민했다. 개구쟁이 사내아이 둘을 아파트에서 눈치 안 보고 키울 수 있을까? 하루가 멀다 하고 아래층 아주머니가 쫓아 올라올 것은 불 보듯 뻔한 일. 자신이나 아이들이 받을 스트레스를 생각하면 영 자신이 없었다. 고민 끝에 단독주택으로 가기로 결정했고, 괜히 분에 넘치는 동네를 헤매며 눈만 높이기보다 살던 동네에서 현실적인 집을 찾아보기로 했다. 그렇게 찾은 집은 2, 3층짜리 다가구주택이 대부분인 동네에서 거의 유일한 단독주택이었다. 당시 전세 보증금 1억 원에 대출금을 보태 2억 원이 안 되는 돈으로 마련한 40여 평(약 172㎡)짜리 집. 도배와 바닥재를 교체하는 등 기본 인테리어를 하고 이사한 빨간 벽돌집에 친구는 무척 만족했다. 시멘트로 미장한 손바닥만 한 마당이 있어 아이들이 맘껏 뛰어놀 수 있고, 집에서 아무리 쿵쿵거려도 야단칠 일이 없단다. 빨간 벽돌을 하얗게 칠하고 양철 대문을 떼어내고 남편이 손수 만든 나무 대문을 달아 나름 예쁘게 가꾸며 산다. 얼마 전에는 작은 마당에 덱(deck)

을 깔고 창에 어닝(awning·차양)을 설치해 여름이면 파라솔 펴놓고 고기를 구워 먹는다고 자랑도 했다. 이사하기 전엔 음식물 쓰레기 처리가 걱정이었는데 그건 건조 기계를 선물 받아 해결했고, 방범에 대한 고민은 안전 창호를 설치해 보완했단다. 또 옆집 앞집에서 다 보이기 때문에 오히려 아파트에 살 때보다 안심되는 부분도 있다고 한다. 결혼 전부터 줄곧 아파트에서만 살았던 그녀는 이제 아파트에서는 답답해서 못 살겠다며 단독주택 예찬론자가 되었다.

책을 준비하면서 만난 사람 중에는 우리에게 '부자 동네'로 잘 알려진 서울 평창동에 아담한 집을 장만한 이도 있다. 그는 그 동네에서 전세로 살면서 거의 2년간 공들인 끝에 원하는 집을 찾았고, 지금은 그 집을 자신의 취향대로 가꾸며 산다. 그는 집에 얽매이지 않되 집에 있는 시간이 귀한 만큼, 좋은 공간 편안한 공간을 만들기 위해 공을 들이는 것이 당연하다고 했다. 옷이나 핸드백에는 무척 신경을 쓰면서 집은 대충 해놓고 사는 경우가 얼마나 많은가. 줄곧 주택에만 살았다는 그는 아파트에서는 느낄 수 없는 소소한 불편함에 대해서도 이야기했다. 집에 사람이 없는데 택배 물품이 왔을 때, 비오는 날 거주자 주차 지역에 다른 차가 주차되어 있을 때, 여름이면 방수에 신경 써야 하고, 겨울엔 난방비가 많이 들고…. 단독주택에서는 이렇게 예기치 않은 돌발 상황이 여기저기서 생기게 마련이다.

그러니까 단독주택을 갈망하는 사람에게 가장 중요한 문제는 자신에게 이런 소소한 불편함을 감수할 준비가 되어 있는지와 더불어 중요한 것이 집을 보살피고자 하는 마음이 있느냐다. 더구나 단독주택은 사랑받은 집과 그렇지 않은 집의 차이가 확연히 드러난다. 그렇기 때문에 아무리 단독주택이 붐이라고 해도 그것이 나의 라이프 스타일에 맞는지 진단하는 일이 선행되어야 한다.

단지 아파트에서 단독주택으로 사는 곳이 바뀐다고 삶의 가치가 갑자기 생겨날까? 단독주택에 살기만 하면 없던 행복이 솟아날까? 단독주택은 이 시대를 살아가는 사람들이 느끼는 집에 대한 모든 고민과 불만을 치유하는 만병통치약이 아니다. 하여, 이 책은 '모두가 단독주택으로 고고씽!'을 외치려는 것이 아니다. 다만, 내가 꿈꾸는 구체적인 삶의 모습이 과연 단독주택과 부합하는지, 그렇다면 어떻게 실현하면 좋을지, 나보다 먼저 실현한 사람들의 경험을 통해 배우고 고민해보자는 것이다. 그 김에 단독주택의 매력도 제대로 알아보자는 것이 취지다.

남의 집 이야기를 통해 그리는 내가 꿈꾸는 집, 내가 꿈꾸는 인생

나 역시 그런 집을 찾는 보통 사람으로서, 책을 매개로 괜찮은 단독주택에 사는 사람들을 만난다는 건 그 자체만으로도 흥미로운 일이었다. 따라서 그 대상을 정할 때 우아한 취미 생활 공간이 아닌 누구에게나 쉽게 그려지는 일상생활이 중심인 지극히 현실적인 집, 이야기가 있는 집, 집주인의 철학이 느껴지는 집을 찾으려고 애썼다. 눈요깃거리로 더없이 좋은 대저택이나 세컨드 주택 개념의 전원주택 등은 일찌감치 목록에서 제외했다. 보기만 좋을 뿐 먹을 수 없는 남의 떡 같은 얘긴 애당초 하고 싶지도 않았다.

나뿐만 아니라 독자 역시 책 속의 집을 보는 것만으로도 기분이 좋고, 마치 내 집인 양 순간 이동해 그 집을 설계도 삼아 마음속 자신의 집을 더 많이 꿈꾸고 깊이 상상할 수 있도록 해주고 싶었다. 그래서 그 꿈이 현실로 이루어지는 데 든든한 동아줄이 될 집들을 모아보고 싶었다. 사실 단독주택에 살겠다는 일념 하나로 다른 모든 걸 포기하는 건 쉽지 않다. 마당 있는 집을 원하지만 이미 살던 도시를 벗어나기 어렵다는 사람도 있을 것이고, 일터나 생활 반경을 크게 벗어나지 않는 정도라면 땅값이 비교적 싼 시 외곽으로 나가 조금 더 여유롭게 살고 싶은 사람도 있을 것이다. 그리고 당장은 아니더라도 꿈을 키우고 키워 이상적인 집에 살고 싶은 소망을 가진 이도 있다. 이 모든 경우를 책 안에 끌어들일 수 있어야 했다.

그 결과, 이 책에는 그런 다양한 현실 속의 집과 그곳에 사는 주인장들의 이야기가 있다. 그중에는 아주 오래된 집을 고쳐 나름의 감각과 지혜를 발휘하며 사는 사람도 있고, 스스로 집을 설계하거나 지은 경우도 있으며, 건축가를 통해 꿈에 그리던 삶을 실현한 사람도 있다. 또한 어느 정도의 불편함을 감수하는 대신 아파트 전세금 정도로 소박한 집을 구한 사람이 있는가 하면, 한두 번의 주택살이를 통해 한결 여유로운 집을 얻은 경우도 있다. 일의 공간과 삶의 공간을 합쳐 사는 사람도 있고, 꼭 단독주택을 일터로 고집하는 사람도 있다. 저마다 단독주택을 선택한 이유도, 집의 크기나 모습도 다르지만, 확실한 것 한 가지는 그들 모두 돈이 넉넉해서 단독주택에 사는 것이 아니라는 사실이다.

책을 쓰기 위해 만난 사람들은 모두 단독주택에 살고 싶은 이유가 분명했고 막연한 꿈에 머물지 않았다. 그들은 자신이 꿈꾸는 인생을 누구보다 구체적으로 그렸고, 그것을 가능케 하는 삶의 도구로서의 집을 끊임없이 생각하고 실행에 옮겼다. 단순히 집을 그린 것이 아니라 자신의 삶을 설계한 것이다. 하여 어떤 집에서는 이 정도면 나도 가능하겠다는 자신감을 얻어 기뻤고, 어떤 집에서는 생각이 미처 닿지 못했던 점을 대하는 마음, 집에 대한 예의라는 것을 배우며 감동하고 또 반성하기도 했다. 더불어 집과 일터를 겸하는 곳, 주택을 개성 있는 상업 공간으로 응용한 곳들을 통해 단독주택의 다양한 활용 가능성도 살펴보았다. 그리고 아파트와 단독주택 사이의 대안이라 할 수 있는 타운하우스와 단독주택 붐을 타고 한국에 진출한 일본의 단독주택 모델하우스도 살펴보았다.

그럼에도 많은 사람의 관심사는 도대체 언제, 어느 정도의 돈이 있을 때 집을 사야 하나에 집중된다. 막상 사려고 하면 너무 올랐다고 하고, 지금은 침체기이니 좀 더 기다려보라고도 한다. 그러다 보면 더 오르지 않을까 혹은 조금만 기다리면 내리지 않을까 하는 고민으로 갈팡질팡하다 결국엔 원점에서 빙빙 도는 것이 집을 구하려는 사람들의 딜레마다. 고백하건대 이 책을 쓰기 시작할 때만 해도, 나 역시 돈이 얼마나 있으면 괜찮은 단독주택에 살 수 있을까가 최대 관심사였다. 그런데 실상 사람들을 만나보니 돈이 '1번'이 아니라는 생각이 들었다. 중요한 것은 자신과 함께 사는 가족이 꿈꾸는 삶, 그 삶의 모습을 구체적으로 만들어가는 것이다. 그 그림 속에 단독주택이 있다면 집값이 오르고 내리고는 크게 중요치 않을 것이다. 왜냐하면 생각이 거기까지 미쳤을 때는 적어도 비싼 값에 '팔기 위한 집'이 아니라 행복하게 '살기 위한 집'이 1순위가 될 것이기 때문이다. 그쯤 되면 내게 맞는 집과 그렇지 않은 집을 구분하는 혜안도 생길 것이다.

   물론 이 책 안에 그러한 집을 마련하기 위해 알아두면 좋을 정보도 담으려고 노력했다. 하지만 정말로 중요한 것은 집에 대한 구체적인 바람을 통해 내가 꿈꾸는 인생을 설계하는 것이다. 또 하나, 나의 현실을 직시하라는 것. 현실은 100만 원이 전부인데 터무니없이 눈만 높아 단번에 1억 원짜리를 얻으려 한다면 영원히 딴 나라 얘기 혹은 이루지 못할 꿈에 머물 수밖에 없다. 그럴 땐 현실적으로 가능한 방법을 찾거나, 단번에 될 수 없다면 장기적인 안목에서 차근차근 단계를 밟아가는 것이 방법일 수 있다. 단독주택이냐 아파트냐, 재테크 수단으로서의 집이 먼저냐 삶의 공간으로서의 집이 먼저냐를 정하는 것도 결국은 선택의 문제다. 한번 생각해보라. 머리로는 당연히 단독주택인데 선뜻 행해지지 않는 가장 큰 이유는 양손에 쥔 떡을 둘 다 먹으려 하기 때문은 아닐까? 어느 하나를 선택하면 다른 하나는 포기하거나 우선순위에서 밀려나는 게 당연한 데도 둘 다 놓지 않으려니 하나도 먹지 못하는 것은 아닐까? 아파트의 편리함도 취하면서 마당 있는 집에 살고 싶은 욕심, 저렴한 비용으로 운 좋게 괜찮은 집을 구하고 싶은 욕심, 삶의 질도 누리면서 집값도 올랐으면 하는 욕심을 버리지 못해 지금 이 순간에도 망설이는 건 아닌지 자문해볼 일이다.

   중요한 건 부러운 남의 집 얘기가 아니다. 내가 살고 싶은 집에 대한 생각이, 그림이 확고한지, 구체적인지다. 그것이 확고하다면 그 시기는 중요치 않은 것 같다. 정말 간절히 살고 싶은 집이라면 과감히 투자할 수도 있고, 그것이 오를지 내릴지는 첫째 조건이 아닐 테니 말이다. 그런 점에서 책에 소개된 다양한 사례 역시 결국은 내 이야기가 아니라 남의 집 이야기다. 나도 그렇게 살고 싶다면 남의 집 이야기를 들으면서 '나라면 어떻게 할 수 있을까' 마음속에 자기 인생의 집을 꾸준히, 그리고 섬세하게 그려나가야 한다. 나 역시 이 책을 준비하면서 내가 꿈꾸는 집의 일면을 보았고, 그것을 실마리로 치열하게 고민하며 삶에 기쁨을 주는 집의 그림을 그려나갈 힘을 얻었다. 단독주택을, 아니 진정 마음이 사는 집을 꿈꾸는 많은 이가 그런 희망의 씨앗을 틔우는 데 이 책이 조금이나마 도움이 되었으면 좋겠다.

지극히 사적인 공간인 집을 누군가에게 내보이는 것이 결코 쉽지 않음을 잘 안다. 그럼에도 기꺼이 대문을 열어주고 진솔한 이야기와 노하우를 일러준 이들에게 마음 깊이 감사의 마음을 전한다. 이들을 통해 삶의 가치를 어디에 두느냐에 따라 집이 삶을 풍요롭게 하는 그릇이 될 수 있음을 배운 것이야말로 가장 값진 수확이었다.

현실의 집에서 꿈의 집까지, 당신은 어떤 집에서 살고 싶나요?

서울에서 단독주택 찾기

현실의 집   하나 :

여기, 땅값 비싸기로 유명한 서울에서 단독주택에서 여유롭게 사는 삶을 실현한 사람들이 있다. 아파트 전세금 정도의 예산으로 숨은 동네를 찾은 이도 있고, 작은 한옥을 현대적인 감각으로 바꾼 이도 있다. 마당 있는 집에 살며 좌충우돌 삶의 지혜를 배우는가 하면, 꿈꾸는 집을 향해 차근차근 나아가 멋있는 집에 살게 된 이도 있다. 이들의 이야기를 들으면 좋은 집은 나만의 꿈을 꾸준히 그리는 사람의 것임을 알 수 있다. 혹여 단독주택에 대한 로망은 날로 커져만 가는데 현실과의 거리는 여전히 멀기만 하다면 당신의 머릿속에 그렸던 집을 다시 한 번 점검해볼 일이다. 내가 꿈꾸는 삶을 위한 공간이 아니라 누가 봐도 부러운 남의 집은 아닌지 말이다.

주택에서는 내 몸을 움직이지 않고는 아름다운 경치도, 생활의 여유도 누릴 수 없다.

반면, 주인이 정성을 쏟는 만큼 빛이 나는 것도 주택이다.

약간의 입지적 불편과 난방비를 감수할 자세가 되어 있나?

아파트 팔아
빚도 갚고
집도 살 수 있다

도심 속 단독주택

서울 홍지동

권기홍·이윤숙 씨네

건물 **28**평

대지 **41**평

가족 구성	3인(부부, 자녀 1명)
대지 면적	135.3m²
연면적	92.4m²(1층 49.5m², 2층 42.9m²)
형태	지상 2층 벽돌조
공간 구성	1층_ 마루, 주방, 방 3개(아이방, 옷방, 아내의 공간), 화장실, 샤워실 2층_ 방 2개(부부 침실, 서재), 화장실 겸 보일러실 외부 공간_ 마당, 옥상
공사 범위	구조 변경 없이 부분 리모델링
입주 시기	2008년

등산길에 우연히 알게 된 서울의 숨은 동네랄 수 있는 홍지동의 오래된 단독주택으로 이사한 권기홍·이윤숙 씨 집. 옥상에 서면 북한산의 처음과 끝이 한눈에 보인다. 이들은 오래된 주택을 자신들의 취향에 맞게 고쳐 살면서 남다른 행복을 만끽한다.

서울 한복판의 판타스틱
러브 하우스

땅값 비싼 서울에서, 나도 마당 있는 단독주택에 살 수 있을까? 재산이라고는 대출 끼고 장만한 작은 아파트가 전부인 많은 사람에겐 그저 희망 사항에 불과할지도 모른다. 그런데 서울 한복판에서 30평대 아파트보다 훨씬 적은 비용 혹은 전세금으로 그보다 몇 배는 풍요로운 일상을 만끽할 수 있다면? 단, 잔디 곱게 깔린 넓은 정원이나 모델하우스처럼 세련된 구조, 최신 인테리어를 상상하지는 말 것! 돈이 풍족하다면 모를까 빤한 예산에 턱없이 욕심을 낸다면 단독주택은 영원히 꿈에 머물 수밖에 없을 테니 말이다. 서울 종로구 홍지동 권기홍·이윤숙 씨의 집은 약간의 불편함을 감수하면 큰돈 들이지 않고도 도심에서 마당 있는 단독주택에 살 수 있음을 보여준다. 집주인은 야생화 심을 작은 마당과 하늘로 시원스럽게 뻥 뚫린 옥상이 있는 40년 된 빨간 벽돌집을 시간을 두고 천천히, 자신의 취향대로 고치며 손길 닿은 만큼 따뜻하고 사람 냄새 나는 집으로 가꾸고 있다. 규모나 경제적인 면에서 만만하고 현실적인 집이라 반갑고, 돈보다도 정성과 취향이 있으면 기성품 같지 않은 나만의 집을 가질 수 있다는 자신감을 주는 집이라 눈여겨보게 된다.

거실창 밖 작은 앞마당. 거실 아래 디딤돌에 부부가 직접 타일을 붙였다.

빨간 벽돌과 문이 자연스럽게 어우러진 현관 입구.

2층 덱에서 옥상으로 오르는 계단.

마당에서 대문 앞 창고를 바라본 모습.
창고 위에는 2층으로 바로 연결되는 계단이 있다.

거실 식탁에 앉으면 마당이 한눈에 들어온다. 마당의 담벼락 높이를 낮춰 답답함을 없앴다.
아파트와 다른 구조를 십분 활용한 거실 겸 다이닝룸. 거실 안쪽 주방 옆에 있던 방은 아내의 공간으로 꾸몄다.

30평대 아파트와 맞바꾼 단독주택, 대출로부터의 자유는 덤!

몇 년 사이 서울 강북의 조용한 몇몇 동네가 명소로 뜨면서 주목받는 곳 중 하나가 부암동이다. 권기홍·이윤숙 씨의 집은 부암동 끝자락과 연결되는 인왕산 아랫동네 홍지동에 자리 잡고 있다. 그래도 서울인데 길이 좀 좁더라도 집 앞까지 차는 들어가겠거니 했던 예상과 달리 동네 입구에서 집까지는 온전히 두 다리로 걸어야 한다. 좁다란 길을 따라 계단을 몇 개 올라야 나타나는 작은 동네는, 대로변에서 불과 5분 거리임에도 불구하고 번잡한 서울 시내나 일반 주택가와는 딴판이다. 대부분 지은 지 몇 십 년은 족히 된 듯한 집 몇 채가 모여 있고, 골목길 가로등도 동네 사람들이 직접 켜고 꺼야 하는 동네 분위기는 빠르게 변해가는 도시와는 사뭇 다른 아날로그적인 정서를 자극한다. 이곳은 조용하고 소박한 그야말로 '마을'이다. 북한산의 처음과 끝이 한눈에 보이고 고개만 돌리면 사방이 나무고 꽃이니 동네가 그대로 정원이다. 신혼 때부터 줄곧 아파트가 밀집한 동네에서만 살아온 집주인 역시 4년 전, 이곳으로 이사 오기 전까지만 해도 서울에 이런 동네가 있을 줄은 몰랐다고 한다.

"인왕산에 등산 왔다가 길을 잘못 들어 일반 등산로가 아니라 이 동네 사람들만 아는 샛길로 내려오게 됐어요. 그래서 알게 된 동네가 부암동이었는데, 서울 한복판에 이런 동네가 있나 싶은 게 우리 어릴 때 살던 동네 같아서 참 좋더라고요. 그러면서 단독주택을 생각했어요. 나이 들어서는 아파트에 살더라도 조금이라도 젊어서 기운 있을 때 단독주택에 한번 살아보자는 마음도 있었고, 마침 살던 동네 주변이 재개발과 맞물리면서 먼지도 많아지고 불편해서 이사를 생각하던 시기이기도 했어요. 아들 녀석이 그때 초등학교 고학년이라 교육 환경도 고려해야 했는데 알아보니까 가까이에 좋은 중·고등학교도 있어서 적어도 우리에게는 괜찮은 동네였어요."

집 앞까지 차가 닿지도 않고, 도시가스도 들어오지 않아 불편하지만 그 때문에 집값은 상대적으로 저렴했다. 당시에 살던 30평대 아파트를 팔면 집을 사고 대출금까지 갚을 수 있었다. 대한민국에서 내 집 가진 사람치고 대출 없는 사람이 얼마나 될까. 대출 받아 작은 아파트 장만해서 시세가 오르면 팔고 다시 대출 받아 좀 더 큰 아파트로 이사하며 사는 것이 이 시대 보통 사람들이다. 그래서 진짜 집주인은 은행이라는 자조 섞인 우스갯소리도 나온다. 그런데 내 집을 가지면서도 대출 이자에서 자유로울 수 있다니 마음이 동할 만도 했다. 결심이 서자 부동산 중개사무소(이하 부동산)는 물론 이 동네를 아는 주변 사람들을 통해 열심히 찾아다녔다. 아파트처럼 매물이 많지 않은 작은 동네에서 6개월 만에 찾은 이 집은 동네에서 보기 드문 이층집인데다, 지은 지 40년이나 되어 낡긴 했어도 예전 집주인이 잘 관리해서 다른 집들보다 정갈했다.

"지금도 기억나요. 아파트 팔아서 그 돈으로 이 집을 샀고, 집의 일부를 보수하고 이사하는 데 쓰고, 남은 돈으로 대출금 갚고 나니 통장 잔고가 1,000원인가 그랬을 거예요. 큰돈도 없지만 빚도 없다 생각하니 어찌나 홀가분한지 이제 진짜 시작이다 싶었습니다. 더구나 주택은 아파트처럼 환금성이 높지 않아 갑작스럽게 돈이 필요할 때 집을 담보로 어찌해보겠다는 계획을 세우기가 어렵잖아요. 그러니까 비로소 집은 집일 뿐이라는 생각도 들고요."

실제로 이들은 아파트 시세에 촉각을 곤두세우고 살던 예전과 달리 지금은 이 집이 얼마인지 크게 관심을 두지 않는다. 이제야 집이 재테크 상품이 아닌 진짜 '사는 곳'이 되었다.

오래된 집일수록 조각보처럼 한 땀 한 땀 가꾸는 재미가 쏠쏠하다

사람들이 아파트에서 주택으로 옮기는 것을 주저하는 이유 중 하나는 익숙하지 않은 구조에 있다. 더구나 오래된 주택이라면 그 차이가 커서 이미 아파트에

2층에서 내려다본 계단.

2층 안방과 서재 사이의 공간을 효율적으로 활용해 CD와 DVD를 빼곡하게 수납했다.

2층에서 외부로 통하는 입구.

안주인이 직접 만든 커튼처럼 소박한 분위기가 느껴지는 1층 현관 입구.

2층 서재. 1층 주방 옆에는 아내의 공간을, 2층 안방 앞에는 남편의 공간을 마련했다.

서재의 출입문은 1980년대에 쓰던 미닫이문을 그대로 두었다.

1층의 자녀방. 마을 풍경을 볼 수 있다는 것이 이 집의 매력 중 하나다.

맞춰진 가구며 살림살이가 자리 잡기 쉽지 않은 것이 현실이다. 주방과 거실이 트여 있는 아파트와 달리 주방과 거실이 분리되어 있고 각 공간이 협소해서 짐을 줄이거나, 완전히 리모델링하지 않는 이상 명쾌한 해법이 없다.

1,2층을 합쳐 28평 정도인 이 집 역시 같은 규모의 아파트와는 다른 구조다. 탁 트인 거실 중심의 구조도 아니고 2층의 방 하나를 제외하고는 주방, 거실, 방, 화장실이 모두 작다. 하지만 기존의 생활 패턴을 고집하고 거기에 집을 억지로 꿰맞추려 하지 않았다. 집에 맞게 가구는 물론 삶의 패턴을 다시 설계한 것. 먼저 소파며 침대, 장롱, 피아노 등 이 집에 맞지 않는 덩치 큰 가구부터 과감히 정리했다. 그러니 대대적인 리모델링도 필요치 않았다. 살짝 녹슨 양철 대문도, 빨간 벽돌로 쌓은 외벽도, 자칫 답답해 보일 수 있는 오밀조밀한 내부 구조도 크게 바꾸지 않고 딱 필요한 만큼만 손을 댔다. 냉장고를 넣기 위해 주방의 문 위치를 바꿔 넓히고, 높았던 담장을 낮추고, 2층에 덱을 깔고, 옥상으로 올라가는 계단을 보수하고, 마당의 하수도 배수 공사를 한 정도. 그것도 한 번에 끝낸 것이 아니라 살면서 필요하다 싶을 때 하나씩 손보았다.

"주택은 한 번 고친다고 끝나지 않아요. 눈에 보이지 않는 곳에서 불쑥 문제가 생기기도 하고요. 더구나 주택에 살아보지 않았다면 무턱대고 보기 좋게 고치기보다는 살면서 이 집에 적합한 우리만의 생활 패턴을 찾는 시간을 가지고, 그에 맞게 고치며 사는 게 합리적인 것 같아요. 물론 최종적으로 이런 집이면 좋겠다 하는 바람은 있지만 그것을 한 번에 끝내기보다는 천천히 필요에 따라 고치면서 내가 꿈꾸는 집으로 만들어가는 것도 나름 재미있고 거기서 느끼는 보람도 크거든요."

화려한 벽지 대신 소박하게 한지로 도배하고, 1980년대에 쓰던 미닫이문과 방문도 그대로 두었다. 겨울철에 외풍이 있어 조금 춥긴 하지만 빨간색 벽돌의 느낌이 좋아서, 그것을 포기하고 싶지 않아서 외벽 공사는 일부러 하지 않았다. 집이 본래 지닌 자연스러운 흔적에 편집 디자이너인 남편과 손재주 있는 아내의 감각이 보태져 담백하면서도 색깔이 분명한 집, 세 식구에게 편안한 집이 되었다.

때론 소소한 불편함 때문에 삶이 담백해진다

어쩌다 집에 놀러온 사람들은 도심에서 이렇게 자연을 호흡할 수 있는 환경과 단아하게 꾸며진 집을 보며 부러워들 한다. 하지만 그만큼 계절마다 손 가는 일도 많고 몇 가지 불편한 점도 감수해야 한다. 봄이면 마당에 새싹이 올라오기 전에 겨우내 쌓인 낙엽을 손으로 일일이 치우고 흙도 갈아주어야 하고, 여름엔 미리미리 외벽에 방수액을 뿌려 장마에 대비하고 환기도 잘해야 한다. 가을과 겨울엔 벽에 혹시나 갈라진 틈이 없는지 살펴 보수하고 보일러 점검도 빼놓을 수 없는 연례행사다.

"어느 정도 예상은 했지만 역시 단독주택은 머리로만 생각하고 와서는 안 된다는 걸 살면서 더 많이 느낍니다. 잠깐 놀러 와서 보면 좋아 보이니까 주택에 살고 싶다고들 하는데 그럴 때면 저는 일단 아내에게 먼저 물어보라고 합니다. 주택은 남편이 많이 도와줘야 하고 무엇보다 안주인이 이런 생활을 좋아해야 살 수 있어요. 여기저기 보수하고 손질하는 것을 성가신 일로 생각해서 스트레스 받고, 지니고 있던 물건 다 짊어지고 올 거면 다시 생각해보라고요. 막연히 추억이나 로망만 가지고 이사 왔다가 1년도 안 돼서 다시 아파트로 가는 경우도 봤거든요. 하지만 그 정도 정성만 있으면 아주 만족스러운 것이 주택이에요."

주택에 사는 것을 고려하는 사람이라면 다들 짐작하듯 사소하게 불편한 점도 있다. 특히 이 집은 동네 특성상 몇 가지가 더 보태졌다.

"집 앞에 차가 올 수 없으니 당연히 주차장이 없죠. 거주자 우선 주차구역도 버스로 두 정거장쯤 되는 거리를 걸어가야 해요. 계단을 걸어서 올라와야 하니까 배달은 기대할 수 없고, 택배 아저씨의 볼멘소리도 종종 들어야 하고, 장보기도 만만치 않아요. 슈퍼가 멀기도 하지만 너무 많이 사면 들고 올라오기 힘드니까요. 또 옛날 집이다 보니 외풍도 있고 아직까지 기름보일러라서 겨울엔 난방비가 많이 나와요. 대신 관리비라는 게 없으니까 아파트와 비교하면 1년에 100만 원 정도 더 드는 것 같아요. 그런데 여기 살면서 누리는 행복감에 비하면 그 정도는 문제 되지 않아요. 주차장이 멀어서 웬만한 거리는 걷거나 대중교통을 이용하는 것이 편해졌고, 넘치도록 가득가득 쌓아놓고 살던 예전과 달리 꼭 필요한 것만 사게 되니 자연스럽게 욕심 내지 않게 되고요."

주택살이의 불편함을 이야기하는 부부의 얼굴엔 오히려 화색이 돈다.

"아파트에 살 때는 아무래도 사람들이 자주 오가니까 어떻게 보이는지에 무관심할 수는 없더라고요. 나도 모르게 보여주기 위한 집처럼 신경 쓰고 살았는데, 여기는 우리가 편한 집이에요. 고칠 것도 많고 손볼 것도 많지만 그것대로 재미가 있고, 동네 분들과 인사하며 지내니까 사람 사는 맛도 나고요. 무엇보다 우리가 좋아하는 것, 원하는 것들이 다 있으니까요."

실제로 하늘을 자주 보게 되고, 계절 변화에 민감해지고, 온전히 자기만의 시간을 많이 갖게 된 것은 이 집에 살면서 누리는 호사다. 봄이면 마당에 심은 야생화 새싹이 움트는 것을 보면서 경이로움을 느끼고, 차 한 잔 들고 옥상에 올라가 거칠 것 없이 트인 하늘과 산을 바라보는 것도 좋다. 집 근처 산길을 따라 청와대로, 북촌으로, 경복궁으로 걷는 것도 여기 살면서 생긴 행복한 일상이다. 남편은 여름이면 출근길에 화단에 물 주는 것을 즐겁게 챙기고, 아내는 정갈한 집안 분위기와 꼭 맞는 커튼이며 소품을 만들어 감각 있는 집을 가꾼다. 공부하기도 벅찬 중학생 아들은 바쁜 아침에 짬을 내어 마당에 쭈그리고 앉아 새싹이 올라왔는지 들여다보고서야 학교에 가고, 눈이 오면 누가 시키지 않아도 빗자루를 들고 나선다. 그렇게 삶의 여유라는 것을 마음으로, 몸으로, 생활로 알아가는 중이다.

단독주택으로 이사 오면서 생긴 아내의 공간.
아내가 아끼는 물건과 살림이 정갈하게 자리 잡았다.

1층 현관 복도를 따라 방 2개와 화장실이 있다.

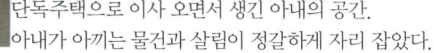

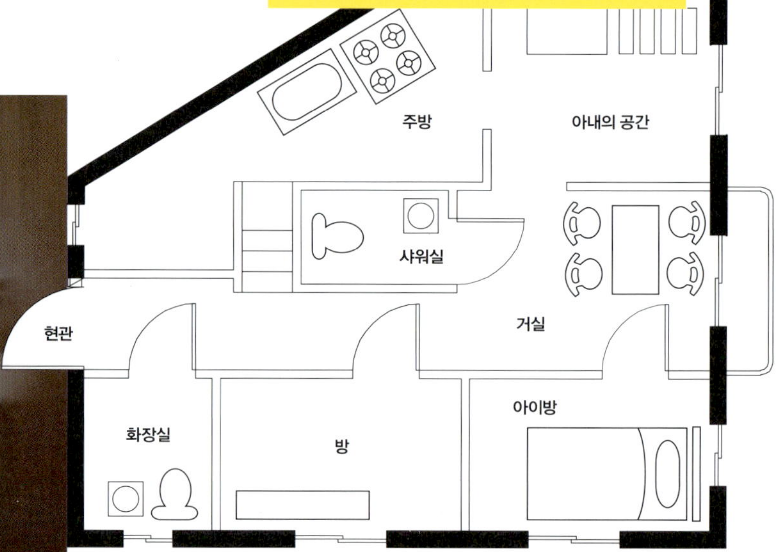

1층 화장실. 각 공간이 오밀조밀한 구조인 탓에
화장실과 샤워실이 분리되어 있다.

권기홍·이윤숙 씨 집 구조   1층 (49.5㎡)

주방 / 아내의 공간 / 샤워실 / 거실 / 현관 / 화장실 / 방 / 아이방

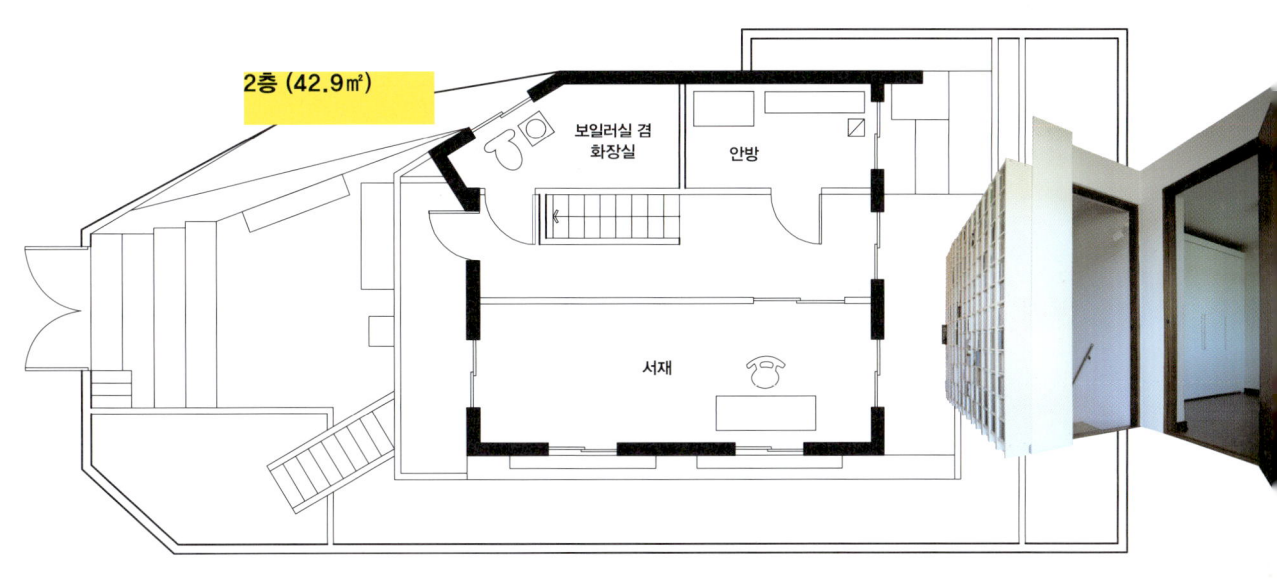

2층 (42.9㎡)

보일러실 겸 화장실
안방
서재

주방과 방을 분리하던 벽에 아치형 통로를 만들었다.
이 문을 통해 주방과 아내의 공간이 자연스럽게 이어진다.

아내의 공간에서 바라본 주방.

싱글 혹은 신혼부부를 위한 합리적 제안

운치와 개성을
담은

한옥

원룸
　　　　　서울 창성동　　　　　　　　서승모·조희정 씨네

건물 **20** 평

대지 **24** 평

가족 구성	2인(부부)
대지 면적	79.2m²
연면적	66m²
형태	지상 1층 목조(한옥)
공간 구성	거실, 침실, 다이닝룸, 주방, 욕실이 연결된 원룸형
공사 범위	리모델링
입주 시기	2005년

ㅁ자형으로 리모델링한 서승모·조희정 씨의 집은 한옥을 모태로 한 원룸이라고 할 수 있다. 현대적이면서도 한옥 본연의 느낌이 조화를 이루는 이 집은 작은 공간을 효율적으로 활용해 아담하지만 결코 좁지 않다. 침실도 여유로워 보인다.

한옥이라서 좋다
원룸이라서 더 좋다

아파트나 양옥이 등장하기 전까지 우리나라의 단독주택은 한옥이었다. 한동안 아파트에 밀려 찬밥 신세였던 한옥이 몇 년 전부터 귀한 대접을 받고 있다. 전통적인 아름다움을 살리면서도 생활에 편리한 요소를 접목해 운치 있고 품격 있는 집으로 거듭나고 있기 때문이다. 서촌에 자리한 건축가 서승모 씨의 집은 대지 24평짜리 작은 한옥이다. 그런데 일반적인 한옥 살림집과는 전혀 다른 모습이다. 고풍스러운 느낌의 대문도, 전통 창호도, 대청마루도 없다. 하지만 집을 든든하게 받쳐주는 보와 기둥이 여전하고, 서까래와 낡은 기왓장이 얹어진 지붕도 그대로인 한옥형 원룸이라 할 수 있다. 얼마 전 결혼한 서승모·조희정 씨는 이곳에 신접살림을 차렸다. 군더더기 없이 심플한 집은 신혼부부에게 부족하지도 넘치지도 않을 만큼 규모 있어 보인다. 여기에 한옥에 대한 고정관념을 벗어난 구조와 인테리어 덕분에 색다른 공간의 묘미도 더해졌다. 저출산 고령화로 인해 증가 추세에 있는 독신 가구나 식구가 단출한 부부 중심의 가구라면 한 번쯤 생각해볼 만한 매력적인 주택의 한 형태가 아닐까 싶다.

현관에서 바라본 집 내부. 툇마루를 실내 공간으로 들였다.

침실 옆 휴식 공간. 가구의 크기까지 꼼꼼하게 살펴 공간을 구성했다.

식탁에서 바라본 거실. 오래된 나무 질감과 현대적인 인테리어가 조화를 이루고, 원룸이지만 자연스럽게 공간도 나뉜다.

기둥과 서까래를 살린 한옥인데 모던한 가구와 인테리어가
썩 잘 어울린다. 거실과 연결된 침실에
앉아 마당과 하늘 바라보기를 좋아한다는 부부.

개량 한옥과 빌라가 공존하는 동네의 막다른 골목집

서촌은 경복궁 서쪽 동네로 지하철 경복궁역에서 자하문길을 따라 양쪽으로 골목을 따라 흩어진 효자동, 창성동, 통인동, 누하동, 체부동 등 15개의 작은 동을 아우르는 지역이다. 1910년대 이후 지어진 개량 한옥과 빌라가 혼재하는 서촌은 조선 시대 중인들이 살던 동네였다. 그래서인지 사대부가 살던 한옥이 밀집해 있는 북촌과는 또 다른 서민적인 정취가 남아 있다. 북촌에 이어 서촌 한옥이 주목받으면서 이곳에도 조용한 변화의 바람이 일었다. 주택가 사이사이에 아담한 갤러리, 카페, 서점, 공방이 들어오고 한옥을 개조한 집과 상업 공간이 하나 둘 생기기 시작했다. 서승모 씨는 이런 변화가 생기기 훨씬 전인 2005년부터 창성동에 살았다. 대학을 졸업하고 일본 유학을 마치고 돌아와 처음으로 마련한 집이 바로 지금의 한옥이다. 그때까지 주택에 살아보지 않았고 강북 지리도 밝지 않은 터였다. 집 자체보다도 집과 어우러지는 동네 분위기를 먼저 살폈던 그가 애초 염두에 둔 곳은 한창 뜨던 동네 삼청동이었다. 그런데 강남 못지않게 가격이 너무 올라 엄두가 나지 않았고 이미 변화가가 되어 조용하던 본래 동네 분위기가 사라져 그만 포기했다. 그래도 경복궁 근처면 좋겠다 싶어 주변을 찾다가 알게 된 곳이 서촌이다. 당시만 해도 서울시의 한옥 보조금이 지원되는 북촌에 관심이 집중되던 때라 상대적으로 서촌은 착한(?) 가격이었다. 지금은 서촌의 한옥과 골목길을 보전하자는 취지의 '경복궁 서측 제1종지구단위계획안'이 통과되고 서촌에도 한옥 보조금이 지원되면서 이 동네 집값도 껑충 뛰었지만 2005년 즈음엔 근방의 집값이 평당 500만~600만 원 선이었으니 서울에서 그 정도 가격에 집을 살 수 있는 곳은 그리 많지 않았다.

"주변에 아주 높은 건물도 없고 동네가 조용해서 맘에 들었습니다. 사실 주택은 새 집이 아니고서는 주인이 얼마나 관리하느냐가 중요해요. 특히나 한옥은 주재료가 나무라서 기둥이나 보의 상태, 그리고 지붕이 중요하죠. 오래된 집을 제대로 관리하지 않으면 어둡고 습한 기운이 감도는 경우가 있는데, 다행히 이 집은 골목 안쪽에 있으면서도 볕이 잘 들고 밝은 느낌의 집이었어요."

샛길처럼 얽혀 있는 사이로 가다 맞닥뜨리는 막다른 골목에 위치한 집은 원래 전형적인 개량 한옥이었다. 옆집과 촘촘하게 붙어 있는 이 도시형 한옥은 대문부터 심상치 않다. 오랜 세월의 켜가 쌓인 나무 대문 대신 오피스텔이나 아파트에서나 볼 법한 네모반듯한 화이트 문에 전자 도어록까지 갖추었다.

낡은 한옥, 모던한 한옥형 원룸으로 진화하다

처음엔 방 3개짜리 평범한 집이었다. 그는 이것을 전통 한옥과 달리 모던한 공간으로 바꾸었다. 우선 보, 기둥, 서까래 등 한옥의 기본 틀이 되는 구조는 그대로 살렸다. 방과 방을 나누는 벽을 터서 하나의 공간으로 만들고 벽과 천장은 하얗게 도장하는 등 현대적인 인테리어 요소를 접목해 독특하면서도 살기 편한 집을 만들었다. 일반적으로 한옥을 전통적인 방식으로 신축할 경우 그 비용이 일반 주택보다 3~4배 더 든다. 그 정도까지는 아니지만 리모델링 비용도 만만치 않다. 재료비도 비싸거니와 수작업으로 이루어지는 공정이 많기 때문이다. 그에 비하면 이 집은 합리적인 비용으로 한옥의 운치와 개성을 효과적으로 살렸다. 그는 이곳을 자신의 건축 스튜디오 겸 집으로 사용하다가 인근에 건축사무소를 내면서 완전한 살림집으로 다시 고쳤다. 그 과정에서 본래 ㄷ자였던 구조는 ㅁ자로 바뀌었고, 툇마루였던 공간을 내부로 끌어들였다. 바닥에도 마루 대신 마당과 같은 소재의 돌을 깔았다.

집 안 전체가 하나로 통하는 원룸 구조이지만 모태가 단독주택이고, 한옥이기에 우리가 늘상 접하는 일반 원룸과는 확연히 다르다. 현관에 들어서면 왼쪽

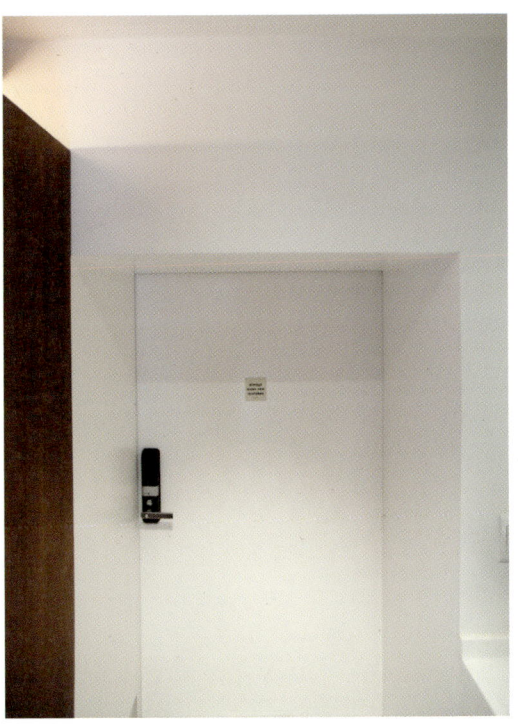

대문을 대신하는 현대식 도어록.

주방에서 바라본 복도.

원래 마당이었던 공간을 실내로 만들면서 생긴 복도.

서까래 때문에 작은 공간이지만 좁아 보이지 않는다.

요리 좋아하는 서승모 씨의 취향을 반영한 주방. 작지만 쓰임새 있는 공간이다.

으로 주방과 화장실이 있고, 정면으로 넓은 식탁이 놓인 다이닝룸과 거실이 있다. 여기서 꺾어지면 침실이고, 침실에서 다시 꺾어지면 원래 마당이었던 공간 일부를 내부로 끌어들인 복도가 나오고, 복도를 따라 꺾어지면 주방과 화장실을 다시 만나게 된다. 다시 말해 한가운데 있는 작은 마당을 중심으로 실내 공간이 사방을 둘러싸고 있어 침실과 주방이 마주 보고, 거실과 새로 생긴 복도가 마주 보는 모양새다. 언뜻 보면 하나로 툭 터진 것 같지만 곳곳에 남겨둔 손때 묻은 기둥과 문틀의 흔적이 공간을 나눠주는 역할을 한다. 그런 나무의 질감이 없었다면 그저 네모난 공간에 불과했을 것이다. 거실 천장만 서까래를 드러내 박공지붕 형태를 유지하고 다른 곳은 현대식으로 매끈하게 도장해 천장고를 달리한 점도 공간감을 살리는 요소 중 하나다. 혼자 살던 작업실 겸 집에서 부부가 함께 사는 살림집으로 바뀌면서 가장 중점을 둔 것은 역시 수납공간이다. 이를 위해 침실과 다이닝룸에 수납장을 설치해 옷과 큰 짐을 수납하고, 거실 벽에는 오목하게 들어가는 벽감을 활용해 책과 DVD 등을 정리했다. 마당 일부를 실내로 편입한 것도 수납공간을 확보하기 위해서였다. 마침 그쪽에 5층 높이의 건물이 보여서 강판으로 지붕을 높여 온전히 하늘만 보이도록 한 것도 여느 한옥에서는 보기 힘든 모습이다. 또한 기존에 가지고 있던 가구의 크기와 그것이 놓일 위치를 꼼꼼히 계산해 공간을 계획했다.

"아파트는 공간이 타이트하게 분할되어 있지만 주택 중에서도 한옥은 그렇지 않습니다. 특히 30평대 미만이라면 더 그렇죠. 그래서 한옥을 리모델링할 때는 먼저 내가 필요로 하는 공간의 크기와 수납의 정도를 아는 것이 중요해요. 그건 곧 자신의 생활을 꼼꼼하게 파악하는 일이기도 해서 누가 대신해줄 수 없는 일이에요. 건축가나 인테리어 디자이너도 실제 주택에 살아보지 않은 경우도 많을 것이고, 무엇보다 내 생활에 필요한 공간은 본인이 직접 생각하고 파악하는 것이 가장 정확하고, 그래야 시행착오도 줄일 수 있을 테니까요."

그래서인지 실내 면적 20평 정도의 아담한 집에는 크기가 제법 되는 식탁, 소파, 침대가 맞춤하게 자리를 잡았다. 요리를 좋아하는 그의 취향을 반영하듯 주방에는 다양한 그릇과 도구들도 가지런히 정리되어 있다. 흔히 아파트보다는 일반 주택이, 또 그보다는 한옥이 생활하기도 관리하기도 불편할 거라고 생각한다. 한옥에서 6년째 살아온 그의 생각은 다르다.

"아파트보다는 내 집이라는 느낌이 강하고, 나름대로 이렇게저렇게 살겠다는 소망을 실제 삶에 반영하기에 편한 부분이 분명히 있어요. 좁은 공간에서 여러 가지 아이디어를 생각하고 접목하는 즐거움도 있고, 집은 계속 가꿔줘야 하는데 내 손으로 가꾸기에 부담스럽지 않은 정도여서 편하고 좋은 점도 있습니다."

그는 최근에 관심을 끌고 있는 땅콩집 프로젝트에도 참여하고 있다. 보통 사람들의 집 짓기를 함께 고민하고 설계하면서 그는 집에 대한 생각을 이렇게 말한다. '집은 격식 있는 양복도, 무겁고 두꺼운 외투도, 예의 없는 내의바람도 아니다. 마치, 매일같이 입어도 질리지 않고 애착 가는 캐주얼 같은 것이다.'

지금 그가 살고 있는 곳이 딱 그런 집인 것 같다.

한옥 구입 시 이것만은 확인하세요

나무 상태 신축할 거라면 크게 문제 되지 않지만 기존의 나무 구조를 살려 리모델링한다면 한옥의 주재료인 나무가 썩었는지 반드시 확인한다. 특히 기둥과 대들보 등 핵심 구조가 부실할 경우 공사를 진행하는 과정에서 집이 흔들릴 수 있다. 이는 고스란히 비용 부담으로 돌아온다.

지붕 한옥에서 발생하는 하자 중에서 가장 큰 문제가 되는 것이 지붕이다. 그만큼 보수 비용이 만만치 않다. 따라서 지붕에 물이 새서 서까래 일부가 떨어져 나간 곳은 없는지 꼼꼼히 확인한다.

환기 한옥은 목조이기 때문에 바람이 잘 통하고 볕이 잘 드는지가 매우 중요하다. 환기가 제대로 되지 않으면 집 안이 습해져 곰팡이가 생기는 것은 물론 나무도 빨리 썩는다. 어둡고 습한 집이 되기 십상이다.

주변 환경 다른 집들에 둘러싸인 집은 신중히 선택해야 한다. 현재는 모두 단층이라 해도 향후 주변의 집들이 고층으로 바뀔 가능성이 있다면, 내 집만 고립될 수도 있기 때문이다. 그럴 경우 가운데 박힌 답답한 집이 되고, 무엇보다 한옥에 사는 의미 자체가 없어진다.

공간별로 서까래를 살리고 천장 높이를 달리해 공간감을 살렸다.

최소한의 공간을 할애한 화장실.

서승모·조희정 씨 집 구조 (실내 66㎡)

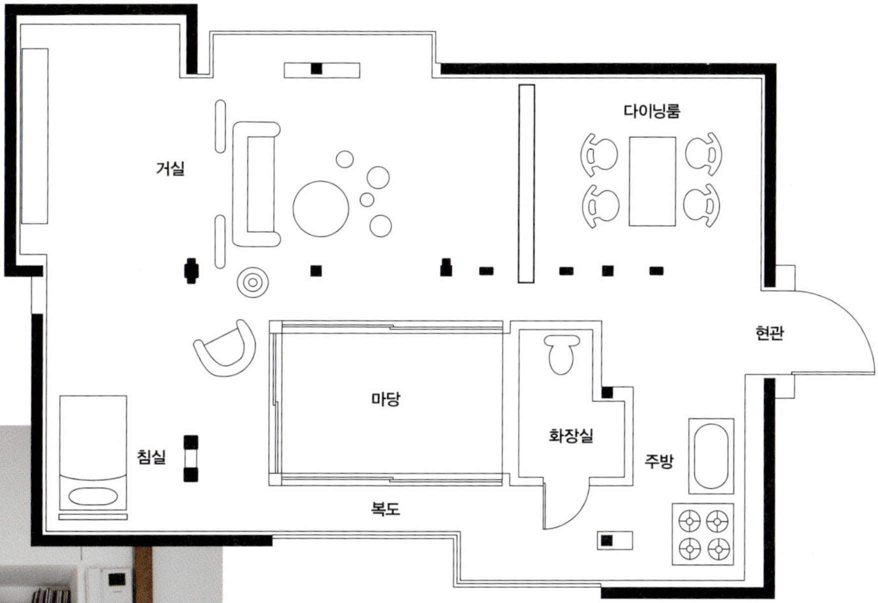

필요한 수납의 정도를 미리 확인해 공간을 확보했다.

강판으로 지붕을 높여 주변 건물을
가리는 대신 온전히 하늘만 보이도록 했다.

내 아이는 꼭 마당 있는 집에서 키우고 싶다!

아이와 함께
누리는

마당
깊은

서울 동숭동   서현석·김영빈 씨네

집

건물 **90** 평

대지 **72** 평

가족 구성	3인(부부, 자녀 1명)
대지 면적	237m^2
연면적	297m^2(1층 132m^2, 2층 99m^2, 반지하 66m^2)
형태	지하 1층 지상 2층 조적식 구조
공간 구성	1층_ 거실, 주방, 방 2개(서재, 요리 도구 수납공간), 욕실 2층_ 거실, 방 2개(부부 침실, 아이방), 욕실, 드레스룸 겸 창고 반지하
공사 범위	구조 변경을 포함한 리모델링
입주 시기	2008년

여러 번의 시행착오 끝에 자리를 잡은 서현석·김영빈 씨 집 마당. 잔디 대신 마사토를 깔고 장독대를 들인 마당은 아이의 놀이터이자 엄마의 즐거운 작업 공간이다. 이들은 아이를 위해 선택한 단독주택에서 가족의 추억을 만들며 주택 생활의 지혜를 배우고 있다.

삶이 원하고 가족이 찾은 집

많은 사람이 단독주택을 원하는 이유 중 하나는 아이에 있다. 아랫집 눈치 보지 않고 맘껏 뛰어도 좋고 흙을 밟으며 자연을 느낄 수 있는 마당 있는 집. 아이 키우는 부모라면 한 번쯤 꿈꾸는 집이다. 여섯 살짜리 딸을 둔 서현석·김영빈 씨도 같은 이유로 단독주택을 선택했다. 아이 없이 부부만 살 때는 인테리어가 좋은 아파트면 족했다. 남들은 이사 다니는 걸 귀찮아한다는데 이들은 아파트 인테리어에 관심이 많아 2년 전세 계약이 끝날 때마다 새 옷 갈아입듯 새로운 아파트로 이사 다니기를 마다하지 않았다. 그때 살았던 강남 아파트 전세금이면 강북에서는 집을 살 수도 있었지만 굳이 그러지 않은 것도 매번 다른 공간을 경험하는 것에 만족했기 때문이다. 그런데 아이가 생기자 생각이 달라졌다. 아이에게 행복한 추억을 만들어줄 수 있는 집다운 집에 정착하고 싶어진 것. 부부가 연애할 때 입버릇처럼 이야기하던 마당 있는 집에서 살아야 할 중요한 이유가 생긴 셈이다.

1층 서재에는 남편과 아내의 책이 가득하다.

주거 공간과 일하는 공간이 나뉘는 2층 계단.

2층 주거 공간의 거실.

넓은 창을 통해 햇살이 들어오는 2층 부부 침실.

부부 침실 옆 아이방.

벽돌을 활용한 인테리어가 돋보이는 1층 거실. 이곳은 요리연구가인 김영빈 씨가 사람들과 만나는 공간인 동시에 요리 촬영 공간이 되기도 한다.

아이에겐 최고의 놀이터, 엄마에겐 실속 있는 작업 공간

요리연구가인 김영빈 씨에겐 집이 곧 작업 공간이다. 집에서 요리하고 사진 촬영을 하기 때문에 기자나 사진가가 찾아올 일도 많다. 당연히 집의 첫째 조건은 교통이 편한 곳이어야 했다. 게다가 일할 때 쓰는 그릇과 소품 등 짐도 적지 않고 작은 마당이라도 있으려면 웬만한 크기는 되어야 하는데 정해진 예산과 원하는 조건에 꼭 맞는 집을 찾기란 쉽지 않았다. 이런 조건을 갖춘 조용한 주택가를 물색하다 보니 가회동, 청운동, 명륜동, 혜화동, 동숭동 등이 후보에 올랐다. 그리고 두세 달 만에 낙점한 집은 지하철역과 가까운 대학로 뒤편 동숭동의 대지 72평에 마당이 있고 뾰족한 박공지붕이 인상적인 이층집이다.

"2008년 당시 이 동네도 싼 편은 아니었는데 인연이 되려고 그랬는지 전 주인이 집이 오래됐으니까 집값은 안 받고 땅값만 받겠다고 해서 싸게 구입했죠. 어차피 건물은 전체적으로 리모델링해야 했으니까요. 골조를 보강하고 단열과 방수 공사에 인테리어까지 거의 신축하다시피 했어요. 집을 싸게 산 대신 수리비가 만만치 않게 들었죠. 골조가 허술하면 아예 신축하는 게 낫다고 해요."

35년 된 낡은 집은 각 층의 쓰임새에 충실하게 고쳐졌다. 1층은 작업 공간, 2층은 세 식구의 주거 공간으로 부족하지도 넘치지도 않는다. 수납공간도 충분히 확보했다. 2층 지붕의 경사면과 바닥이 만나는 자투리 공간에 문을 달아 창고와 드레스룸을 만들고, 벽의 일부를 파서 화장대나 선반으로 활용해 가구가 없어도 수납공간이 넉넉하다. 냉장고 옆에 있던 벽장을 ㄷ자형 그릇 수납장으로 만든 것이나 주방 뒤쪽 외부 공간을 보수해 식자재, 그릇, 저장음식을 보관하는 광처럼 활용하는 것도 눈에 띤다. 아이와 소꿉놀이하듯 놀 수 있는 마당은 가장 만족하는 부분. 잔디 대신 흙을 깔고 커다란 단풍나무 아래 장독대도 만들었다. 한켠에는 텃밭을 만들었고 편히 쉴 수 있는 파라솔과 빨간 우체통도 세워놓았다. 세 식구 중에서 집을 가장 좋아하는 사람은 다섯 살 난 딸이다. 마당이 있어 아이는 심심할 틈이 없다. 갓난아이 때부터 이 집에 산 아이는 거침없이 마당을 누비고 다니며 흙장난하고 꽃을 심고 가꾸는 것에 익숙하다. 고사리 같은 손으로 텃밭에 물을 주고 파나 상추를 따오라는 엄마의 심부름을 도맡아 하는 것도 아이다. 아이에겐 그 모든 것이 재미있는 놀이다. 토마토 넝쿨 사이로 기어가는 무당벌레며 단풍나무 아래서 허물 벗는 매미를 가까이 보면서 자라서인지 또래보다 꽃과 나무, 동물에 대한 애정도 남다르다. 비온 뒤에 마당에서 꿈틀거리는 지렁이를 보고도 무섭다고 도망가지 않고 오히려 한 발 다가가 고개를 들이미는 것도, 텃밭에 심은 배추를 비둘기가 쪼아 먹었다고 속상해하는 순수한 감성을 가진 것도, 유치원 선생님보다 꽃 이름을 더 많이 안다고 칭찬을 듣는 것도, 씨앗만 보면 심으려고 하는 것도 이 작은 마당 덕분이다. 아이에겐 최고의 놀이터이자 책보다 생생한 자연 교육의 장이다. 마당 있는 집은 김영빈 씨에게도 소소한 기쁨을 준다.

"아파트에서는 꿈도 못 꿨던 장을 담글 수 있고 볕이 좋아서 장아찌도 아주 맛있게 익어요. 2층 테라스에 놔둔 감장아찌가 얼마나 맛있게 됐는지 몰라요. 오늘처럼 볕이 좋은 날 보송보송하다 못해 빳빳하게 마른 빨래를 만질 때도 참 좋고요. 공간을 안팎으로 활용할 수 있어서 제가 일하는 데도 도움이 돼요. 보통 요리 촬영은 거실에서 하는데 오늘은 촬영 콘셉트가 김장이라 마당에서 했거든요. 훨씬 생동감 있는 화보가 된 것 같아 만족스러워요."

장식보다 기능성을 고려한 주방.

요리연구가의 공간인 주방은 그릇과 살림살이를 효율적으로 수납하고 일할 수 있도록 했다.

시행착오만큼 주택 생활의 지혜도 쌓인다

그의 얘기를 듣고 있으면 주택에서의 삶이란 매일이 행복하기만 한 장밋빛 일상일 것만 같다. 하지만 지금의 여유는 주택에 대한 사전 학습 없이 왔다가 지난 3년간 살면서 배운 현장학습(?)의 결과란다.

"첫해 겨울에 한 달 도시가스비가 30만 원이나 나와서 깜짝 놀랐어요. 아파트에서는 한 번도 그렇게 나온 적이 없으니까 이건 분명 보일러 고장이다 확신했어요. 원래 겨울엔 아파트보다 난방비가 더 든다는 것도 모르고 보일러 교체한다고 법석을 떨었는데 보일러 기사분이 와서 보고는 앞으로 10년은 충분히 쓸 수 있다고 하는 거예요. 이사하고 얼마 안 돼서는 정화조가 역류하는 일도 있었어요. 리모델링한 집인데 웬일인가 싶었죠. 35년이나 된 집이니 당연히 정화조를 점검했어야 했는데 아파트에서는 전혀 신경 쓰지 않았던 일이라 리모델링하면서도 이 부분은 놓쳤던 거예요. 단독주택에 대한 동경에 비해 지극히 현실적인 것들에 대한 사전 학습과 준비가 따라주지 못해서 겪은 시행착오죠. 집도 사람처럼 오래되면 아픈 데가 생기고 그걸 고치면서 정들고 애착도 더 생기는 것 같아요."

크고 작은 실수와 경험들은 고스란히 주택 생활의 노하우가 된다. 마당도 3년 동안 시행착오를 거치며 만들어졌다. 처음엔 의욕적으로 잔디도 깔고 예쁜 꽃 위주로 심었다. 그런데 마당에서 키우는 강아지가 오줌 싸고 밟고 하니 잔디가 남아나지 않았고, 아이는 마당에서 흙 파면서 놀고 싶은데 아빠는 애써 가꾼 잔디가 망가진다고 말리는 통에 사람보다 잔디가 상전이 되는 것 같았다고. 안 되겠다 싶어 1년 만에 갈아엎고 마사토를 깔았더니 아이도 좋아하고 관리하기도 훨씬 편해졌다. 게다가 마사토는 물이 잘 빠지고 빛을 반사시켜 집으로 보내고 이끼도 끼지 않아 좋았다. 한옥에 마사토를 까는 것도 그 때문이란다.

"화단에도 처음엔 크고 보기 좋은 1년생 꽃만 잔뜩 심었어요. 그런데 한 해 지나면 다시 나오지 않으니까 매년 꽃모종 사러 화원에 갔어요. 그런 우리가 안타까웠는지 화원 주인 아저씨가 이제 그만 오고 야생화를 심어보라는 거예요. 꽃은 작아도 손이 안 가고 한번 심으면 다시 심지 않아도 매년 꽃을 볼 수 있다고요. 그래서 아저씨 말대로 했더니 정말 겨울엔 없어졌다가도 봄이면 신기하게도 싹이 다시 올라와요. 덕분에 봄마다 꽃모종을 새로 심지 않아도 마당이 풍성해져요."

장독대도 올봄에 들였다. 원래 이 자리엔 커다란 단풍나무도 있고 해서 꽃과 풀을 많이 심었는데 이상하게도 나무 주변에선 잡초도 자라지 않았다. 큰 나무가 있으면 영양분을 몽땅 빼앗아 가서 다른 것이 자랄 수 없다는 것, 이렇게 볕도 들고 나무 그늘이 있는 곳은 장독대가 제격이라는 건 한참 후에야 알았다. 마당만 있으면 저절로 자랄 줄 알았던 꽃과 나무도 물을 준 만큼 자라고, 겨우내 놔두면 그대로 썩어 흙이 되는 줄 알았던 낙엽도 제 손으로 치우지 않으면 결코 없어지지 않는다는 것도 이 집에 살면서 비로소 알았다.

"주택에 살아보니 몸을 움직이지 않고는 그림 같은 경치도, 예쁜 꽃도, 일상의 여유도 얻을 수 없다는 걸 알겠어요. 너무나 당연한 데 잊고 살았던 것을 다시 생각하게 하고 그만큼 살면서 배우는 것이 정말 많아요. 그래서 아이가 있다면 작은 주택이라도 꼭 한 번 살아보라고 하고 싶어요."

그는 아이를 위해 선택한 집에서 자연의 순리와 생활의 지혜를 깨닫는다고 말한다. 몸이 편하기만 한 집에서는 좀처럼 얻기 힘든 값진 수확이다.

야생화와 돌확으로 꾸민 마당.

서현석·김영빈 씨 집 구조   1층 (132㎡)

요리 촬영이 이루어지는 1층 거실의 여유 공간.

2층 주거 공간으로 오르는 계단.

손님들이 드나드는 1층엔 화장실 밖에 세면대를 마련했다.

가족이 사용하는 2층 욕실.

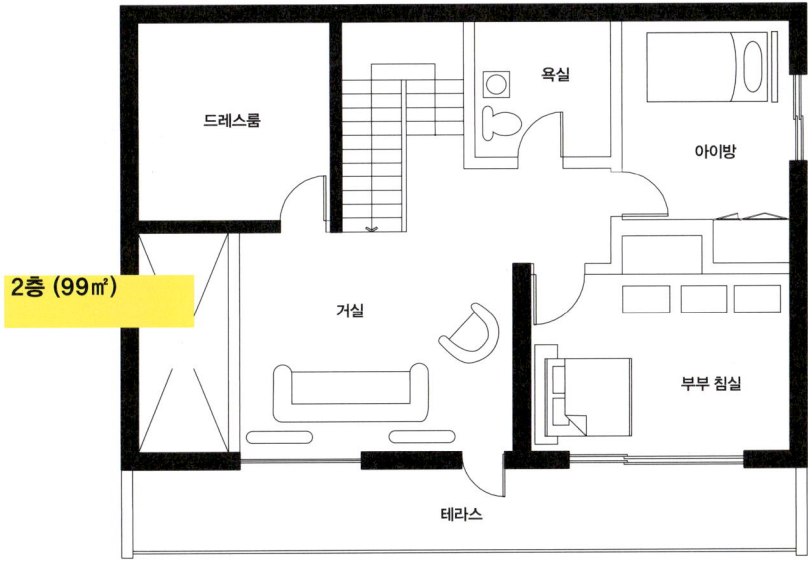
2층 (99㎡)

2층 거실. 경사진 지붕 아래 자투리 공간은
드레스룸과 창고로 활용했다.

꿈, 꾸면 이루어진다! 빌라에서 한옥, 한옥에서 이층양옥으로

건너뛰기로
마련한

한옥마을 모던 하우스

서울 계동

조국환·황채원 씨네

건물 **55** 평
대지 **87** 평

가족 구성	4인(부부, 자녀 2명)
대지 면적	287m²
연면적	181.5m²(1층 85.8m², 2층 79.2m², 지하 16.5m²)
형태	지하 1층 지상 2층 조적식 구조
공간 구성	1층_ 거실, 주방, 방 1개(공부방), 욕실
	2층_ 가족실, 방 3개(부부 침실, 아이방 2개), 미니 주방
	반지하, 옥상, 마당
공사 범위	구조 변경을 포함한 리모델링
입주 시기	2008년 구입, 2009년 입주

조국환·황채원 씨 집에는 정원이 두 개 있다. 1층 마당과 2층 옥상
정원이 그것. 나무가 우거진 앞마당도 좋지만
수많은 한옥의 기와지붕이 한눈에 보이는 옥상
정원은 이 집의 하이라이트라 할 만하다.

집, 두 개의 정원과 수백 채의 한옥과
드넓은 하늘을 품다

북촌이라고 하면 으레 한옥부터 떠올리지만 한옥과 양옥이 보기 좋게 뒤섞인 계동에서는 수더분한 매력이 묻어난다. 안국역에서부터 시작되는 계동길을 걷다 보면 좁은 길가 양쪽으로 골목골목 한옥 게스트하우스며 개성 있는 공방과 숍들이 있는가 하면 향수를 자극하는 옛날 목욕탕과 기름집, 세탁소도 여전하다. 평일 낮에는 채소 실은 트럭도 심심치 않게 만날 수 있어 볼거리 많은 문화 동네인 동시에 사람 냄새 나는 주택가임을 실감한다. 단독주택을 생각하는 사람이라면 한 번쯤 꿈꾸는 동네가 아닐까 싶다. 수많은 한옥과 야트막한 빌라가 즐비한 이 동네에서 황채원 씨는 이층 양옥에 살고 있다. 작은 빌라에서 한옥으로, 한옥에서 다시 주차장과 옥상 정원이 있는 집으로 착실히 삶의 공간을 넓힌 결과다. 저돌적으로 달려들지 않되, 자신이 꿈꾸는 집에 대한 구체적인 그림을 가지고 기회가 왔을 때 과감히 시도했기에 가능한 일이었다.

마당의 모과나무. 매년 수확량이 적지 않다.

식탁에 앉으면 마당이 훤히 내다보인다.

벽면을 작은 조각 타일로 심플하게 마감한 주방과 다이닝룸.

군더더기 없이 깔끔한 현관 입구.

2층으로 오르는 계단 벽면 하부에는 작은 보조등을 설치했다.

2층 입구에 마련한 간이 주방. 접이식 문을 설치해 가릴 수도 있다.

채광을 더 좋게 하기 위해 집 안 곳곳에 유리 블록을 설치했다.

꿈만 같은 이층집이 현실로

황채원 씨가 계동과 인연을 맺은 사연은 이렇다. 다른 동네에서 중소형 빌라에 살던 그녀는 9년 전, 남편과 함께 계동 사는 지인의 한옥에 놀러 왔다가 첫눈에 반했다. 깨끗하게 리모델링한 한옥은 낡고 불편한 집이라는 선입관과 달리 아담하고 예뻤다. 한옥이 이렇게 괜찮았나 싶은 것이 신기할 정도였다고. 그길로 한옥을 알아보고 계약까지 일사천리로 진행했다. 금전적인 부담이 되긴 했지만 본격적인 한옥 붐이 일기 전이라 지금에 비하면 싼 가격이었고, 결혼해서 처음 장만한 내 집이라 더욱 각별했다.

"낡은 집이라 고쳐야 했는데 집을 사고 나니 돈이 부족해 1년 반 정도 빈집으로 두었다가 신축했어요. 대지가 54평이었는데 실내 면적 25평짜리 한옥으로 새로 지어서 5년 동안 살았죠. 오래 살 마음으로 비싸다는 홍송을 쓰고 최고의 재료로 견고하게 지었는데 다른 건 몰라도 겨울에 아파트나 빌라에 비해 추운 건 어쩔 수 없더라고요. 주차장이 없는 것도 못내 아쉬웠고요."

그래서 이번엔 주차장 있는 집이 목표였다. 그렇다고 다른 동네로 갈 생각은 없었다. 아이들 학교 가깝고 주변이 그대로 문화 공간이고 이웃과도 마음을 트고 지내던 터라 생활하기에는 더없이 편하고 좋은 동네였기 때문이다. 하지만 매물도 많지 않고 더구나 주차장까지 갖춘 집을 찾기 어렵다는 건 누구보다 잘 알았다. 일단 부동산에 원하는 집의 조건을 구체적으로 전달한 뒤 시간을 두고 기다렸다. 주차 공간이 있을 것, 마당은 넓더라도 건물 자체는 아담한 이층집일 것, 이런 조건을 감안하면 70~100평 정도일 것. 몇 달 만에 조건에 꼭 맞는 집이 나오자 이번에도 주저 없이 계약했다. 5년 사이 한옥 값이 오르면서 뜻하지 않게 재테크 효과도 누렸다. 은행 도움도 많이 받았지만 적절한 시기에 꿈꾸던 집으로 가는 데 있어 한옥은 일종의 징검다리 역할을 한 셈이다. 3년 전 구한, 30년 된 지금의 집은 길가에 있는 작은 한옥이지만 대문 앞까지 차가 들어갈 수 있고, 사람들의 왕래가 잦은 주도로에서 한 블록 물러나 있어 조용하다. 하지만 당시 사무실로 사용하던 집은 마당도 내부도 어수선해 대규모 리모델링이 불가피했다. 이때 한옥을 지었을 때의 경험이 큰 도움이 되었다. 특히 공사 규모가 클 때는 여러 업체에서 견적을 받는 것은 필수다.

"몇몇 업체에서 견적을 받았는데 많게는 30% 이상 차이 나는 경우도 있었어요. 공사 금액이 커지면 이 돈도 상당해요. 업체별로 견적서를 비교해보니 마감재의 질에서 편차가 많이 나더라고요. 그런데 비용 아낀다고 싼 것만 고집하다가 하자가 생기면 추가 비용이 더 들어요. 저희는 비싸도 하자보수 관리가 확실하고 이왕이면 좋은 소재를 쓰는 업체와 하는 것이 돈을 아끼는 길이다 판단했는데 결과적으로 잘했다 싶어요."

2개월간의 공사 끝에 1층엔 거실, 주방, 가족실 겸 서재를 배치하고 2층은 부부와 열세 살, 일곱 살짜리 남매의 침실을 들였다. 2층 계단 옆에 간이 주방을 들이고 사용하지 않을 때는 접이식 문으로 닫아두게 한 것도 재미있는 아이디어다. 바깥에서 통하게 되어 있던 지하실과 옥상은 집 안에서 드나들 수 있는 구조로 바꿔 공간 활용도를 높이고, 한옥에서 불편했던 점을 고려해 단열에 특별히 신경을 썼다.

"벽 사이에 단열재를 두껍게 넣고 단열 효과가 좋은 시스템 창호를 설치해서 효과를 보고 있어요. 겨울에 1,2층 모두 보일러를 틀고 따뜻하게 지내도 같은 평수 아파트와 비슷한 정도예요. 그리고 채광이 워낙 좋아 사방에서 빛이 들어오는 집인데 벽의 일부를 유리 블록으로 시공했더니 훨씬 밝고 따뜻한 느낌이에요."

수익성을 생각해 충수를 높여 빌라로 지어볼까도 고민했지만 만약 그랬더라면 지금과 같은 독립적인 생활을 하기에도, 아이들이 맘껏 뛰어놀기에도 제약이 있었을 것이다.

2층 거실을 가족실로 활용했다.

마당에서 올라와야 했던 옥상에는 실내에서 드나들 수 있도록 계단과 공간을 만들었다.
잔디와 자갈을 깐 옥상 정원에 앉아 동네 풍경을 바라보는 것만으로도 마음이 맑아진다고 한다.

옥상에서 내려다본 계동 풍경. 수많은 한옥을 내 집 마당에 들인 듯 최고의 전망을 자랑한다.

옥상에 마련한 장독대.
황채원 씨는 단독주택에 살면서
직접 장을 담그기 시작했다.

동네를 오롯이 품은 옥상 정원은 집의 하이라이트

넓은 마당 일부는 보도블록을 깔아 주차장으로, 일부는 잔디가 있는 정원으로 만들었다. 이곳에는 원래부터 있던 매실나무, 자두나무, 감나무가 튼실하게 자라 매년 수확량이 적지 않다. 뒷집 옹벽과 맞닿은 곳의 길쭉한 자투리땅은 텃밭으로 그만이다. 여름이면 여기서 고추, 토마토, 상추, 깻잎 등을 푸짐하게 거둬들여 대문 밖 이웃과 나눠 먹는 것도 즐거운 일이다. 뭐니뭐니 해도 이 집의 하이라이트는 또 하나의 정원인 옥상이다. 2층 원형 계단을 따라 올라가 계단실 문을 열고 나가면 위로는 탁 트인 하늘이 있고 아래로는 점잖게 펼쳐진 수많은 한옥의 기와지붕이 한눈에 들어온다. 옥상 자체도 잿빛 시멘트나 초록색 방수액을 뿌려 삭막하게 내버려둔 여느 옥상과는 다르다. 잔디와 자갈과 덱을 적당하게 나눠 깔고, 한옥에 살 때부터 담그기 시작한 장이 숙성 중인 장독대도 한쪽에 있으니 그대로 동네 풍경과 하나로 어울려 최고의 전망을 자랑한다. 게다가 실용적이기까지 하다.

"잔디 덕분에 집 안이 여름에는 덥지 않고 겨울에는 따뜻해요. 여름에 에어컨 트는 날도 확실히 줄어든 것 같아요. 잔디 관리가 힘들 것 같아서 한쪽에는 자갈을 깔았는데 비가 와도 물이 잘 빠져서 편리해요."

동네를 내 집 앞마당처럼 품어 안은 옥상은 더 이상의 꾸밈이 필요 없는 그림을 보여준다. 여기 서면 구름 흘러가는 것만 봐도, 고즈넉한 동네 풍경을 눈으로 가슴으로 담기만 해도 마음이 맑아진다. 옥상에서 차 마시며 선선한 바람결을 느낄 때, 마당에서 잠자리와 나비를 쫓아다니는 아이들을 볼 때면 새삼 이 집에 오래오래 살고 싶어진다는 황채원 씨의 말에 절로 고개가 끄덕여진다.

리모델링 업체 선정 시 주의사항

오래된 주택을 리모델링할 때는 업체 선정이 특히 중요하다. 일단 여러 업체의 견적을 받아 꼼꼼하게 비교하고 질이 좋은 마감재를 쓰는 업체, 하자 발생 시 무상 보수가 가능한 업체를 선택한다. 오래된 주택은 공사 과정은 물론 완료 후에도 예상치 못한 변수가 많기 때문에 저렴한 업체만 고집하다 보면 추가 비용이 눈덩이처럼 불어날 수 있다는 점에 유의한다. 특히 무상 보수 여부와 기간은 상호 합의해서 계약서에 명시하면 더 좋다. 실제로 황채원 씨 집의 경우 2층에서 옥상으로 연결되는 계단실에 누수가 발생해 두 번이나 바닥재와 벽지 교체 공사를 진행했는데 추가 비용 일절 없이 시공업체에서 처리했다.

조국환·황채원 씨 집 구조 1층 (85.8㎡)

쓸모없던 지하실을 수리해 창고, 저장음식 보관 장소로 사용한다.

거울을 활용해 공간감을 살린 1층 욕실.

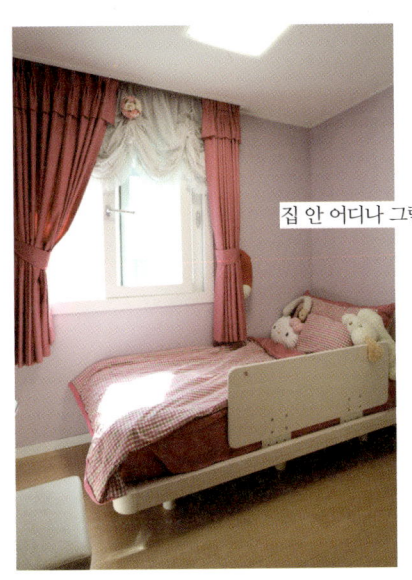

집 안 어디나 그렇듯 2층 자녀방에도 햇살이 잘 든다.

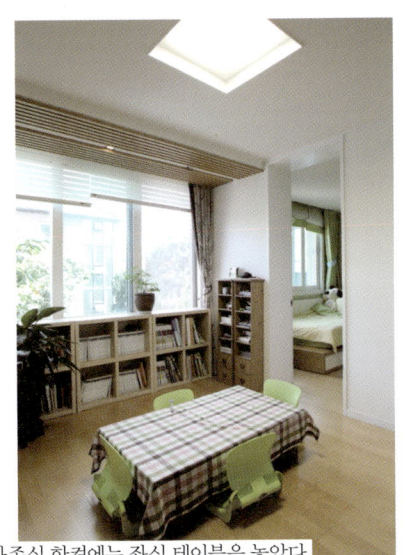

2층 가족실 한켠에는 좌식 테이블을 놓았다.

2층 (79.2㎡)

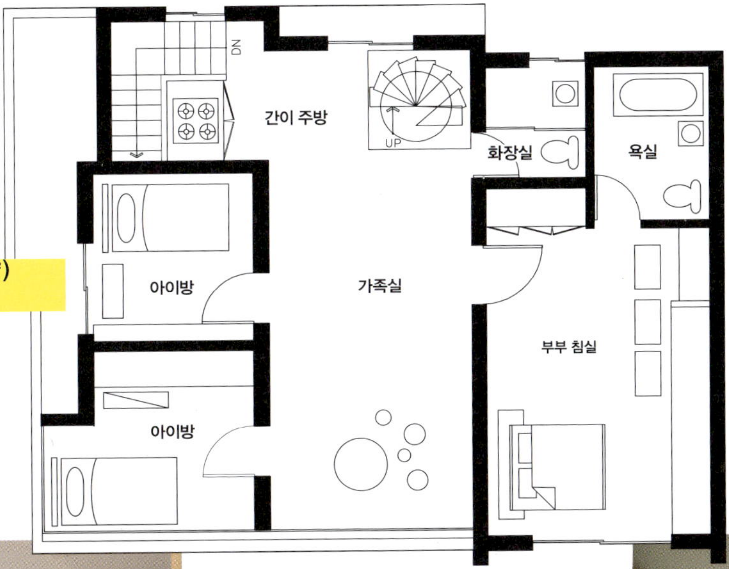

DN
간이 주방
UP
화장실
욕실
아이방
가족실
부부 침실
아이방

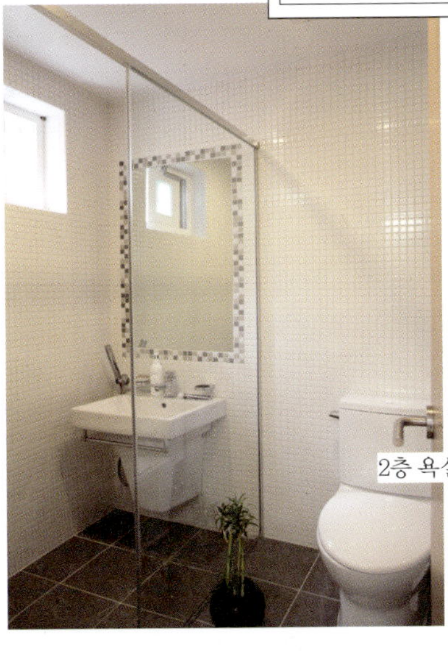

2층 욕실.

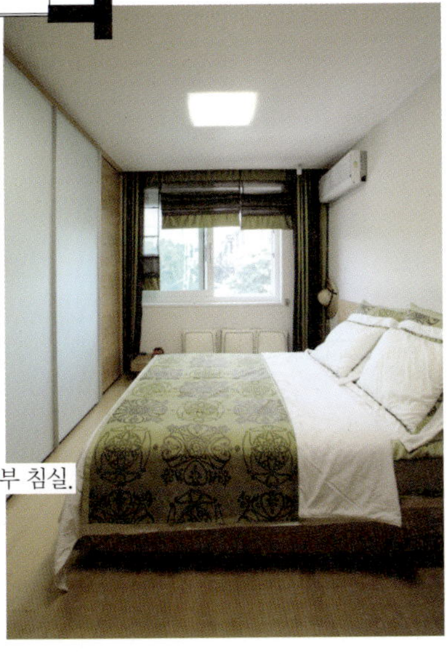

2층의 부부 침실.

집, 일터를 품다! 집 안에 숍, 혹은 숍 안에 집

소박한 두 개의 방과
마당이 있는

아주
특별한

서울 부암동   김정은 씨네

의상실

건물 **2.5**평

대지 **50**평

용도	의상실 겸 주거 공간
대지 면적	165m²
연면적	82m²
형태	지상 1층 조적식 구조
공간 구성	쇼룸, 작업실 겸 다이닝룸, 방 2개(부부 침실, 자녀방), 주방, 욕실, 다용도실 외부 공간_ 마당
입주 시기	2010년
위치	서울시 종로구 부암동 306-2
영업 시간	오전 11시~오후 7시, 일요일 휴무

마당에서 집 안으로 들어가는 입구에 캐노피처럼 천이 드리워져 있다. 커피머신이 놓인 현관은 여느 집이나 상업 공간과는 다른 분위기다. 화려하지 않지만 편안함이 느껴지는 집이자 의상실이다.

하이브리드 시대,
집+의상실 '겹'

두 가지 기능이나 역할을 하나로 합치는 하이브리드가 각광받는 시대, 집도 예외는 아니다. 사람들이 단독주택에 열광하는 이유 중에는 주거 공간과 상업 공간을 동시에 해결할 수 있다는 점도 있다. 아주 넓지 않아도 규모 있게 나누고 아이디어를 더하면 집은 물론 개성 있는 숍까지 얻을 수 있으니 말 그대로 일석이조, 도랑 치고 가재 잡기가 가능하다는 얘기다. 하긴 옛날에는 가게 안에 방이 딸려 있는 형태의 슈퍼며 식당이 흔하지 않았던가. 그렇다고 그런 집을 부러워하지는 않았던 것 같다. 그런데 요즘은 그때보다 한층 진화되어 집으로서도, 숍으로서도 멋스럽고 폼 나는 공간들이 속속 눈에 들어온다.

의상 디자이너 김정은 씨의 집도 그런 곳 중 하나다. 서울 부암동주민센터 근처 골목길 입구 전봇대에 '겹'이라고 쓰인 이정표를 따라 몇 걸음 들어가면 군데군데 잡초와 잔디가 섞인 마당이 있는 집이다. 김정은 씨의 작업실이자 의상실이고 세 식구가 사는 작은 집이다. 화려한 쇼윈도를 자랑하는 번드르르한 부티크는 아니지만 그녀가 만드는 옷처럼 자연스럽고 편안한 멋이 배어나는 공간이다. 연극 무대의상 작업을 주로 해온 김정은 씨는 이 집으로 이사 오면서 본격적으로 일반인 대상의 옷을 만드는 일에 뛰어들어 작업 영역을 넓혔다.

입구에 놓인 마네킹이 의상실임을 짐작게 한다.

재봉틀과 색색의 실패가 있는 작은 작업 공간.

마당이 보이게 통창을 낸 방은 색다른 쇼룸이 되었다.
바닥의 핑크색 캐릭터는 디자이너의 어릴 적 모습을 표현한 것이다.

가족의 거실이자 다이닝룸, 그리고 미팅룸까지 다목적으로 활용하는 공간. 가운데 놓인 널찍한 테이블은 시멘트 상판에 에폭시를 입힌 것으로, 조각가 친구가 만들어준 것이다.

작은 방 두 개로도 충분히 편안한 집

부암동의 매력이라면 한적하고 여유로운 분위기, 오래된 듯 인위적이지 않은 자연스러움을 꼽을 수 있다. 김정은 씨의 집 역시 그런 '부암동스러운' 색깔을 지니고 있다. 그녀는 6년 전부터 부암동에 살고 있다. 삼청동의 작은 한옥에 살다가 그곳이 지나치게 상업화되고 복잡해지면서 좀 더 조용한 동네를 찾아 이사 온 곳이 바로 부암동. 남편이나 그녀나 아파트에는 매력을 느끼지 못한 터라 부암동의 시골스럽고 차분한 분위기가 마음에 들었다고 한다. 살다 보니 이 동네에 집과 작업실을 함께 할 수 있는 공간이 있으면 참 좋겠다고 생각했지만 마땅한 곳을 찾기가 쉽지 않았다.

"이 동네는 대부분 주택이라 상업 공간을 구하기가 쉽지 않아요. 매물이 자주 나오지도 않고요. 그러다 2010년 우연히 이 집이 나왔는데 부암동에서 복합공간으로 쓸 수 있는 몇 안 되는 곳이라 비용이 조금 부담스럽긴 했지만 임차하기로 했어요. 마당 앞에 큰 건물이 없어 확 트여 있고 남향이어서 좋았어요." 그녀가 이사 오기 전에 패브릭 디자이너의 작업실이었다는 이 집은 한눈에 봐도 몇 십 년은 족히 되어 보였다. 하지만 예전에도 오래된 집에 살았던 터라 익숙했기 때문에 망설일 이유가 없었다. 대지 50여 평에 실내 공간 25평 남짓한 집. 작업실과 의상실 쇼룸, 그리고 세 식구의 주거 공간을 들이기에 그리 넉넉하지 않은 공간을 자신들의 스타일로 나름 여유롭고 편안하게 나눠 쓰고 있다.

하얀 천이 캐노피처럼 드리워진 현관 입구로 들어서면 다이닝룸 겸 거실 겸 작업실이 있다. 그 오른쪽으로 마당 풍경이 한눈에 들어오는 쇼룸이 있고, 왼쪽으로는 2개의 방과 작은 주방과 화장실이 있다. 세 식구의 집으로 할애한 공간은 일반적인 집에 비해 방도 주방도 결코 넓지 않다. 그럼에도 복잡하거나 불편해 보이지 않는 것은 살림살이가 단출하기 때문. 가구라고는 안방의 침대와 어머니가 쓰시던 빨간 자개장, 아이방의 책상과 책장 정도다. 옷가지며 자잘한 짐들은 안방과 연결되는 뒷마당 일부를 실내 공간으로 개조해 이곳에 보관하고, 벽과 같은 화이트 컬러의 미닫이문을 달았다. 부엌살림도 자리 차지하는 것이 없다. 가장 많은 것이라면 원단과 그녀가 만든 옷이다. 평소 무소유의 삶을 지향하는 남편 덕분에 덜어내고 사는 것에 익숙해지니 살림 없이 사는 것도 가볍고 괜찮다고. 그래서인지 주거 공간이라고는 작은 방 2개가 전부지만 흐트러짐 없이 정갈하다. 비어 있지만 허전하지 않고 주인장의 색깔이 묵직하게 전해진다.

재밌는 이벤트가 열리는 의상실, 기분 좋은 에너지가 모이는 집

나무 구조가 그대로 드러나는 노출 천장과 에폭시로 처리한 바닥이 인상적인 단층집은 내부와 외부를 모두 하얗게 칠해 거친 듯 편안해 보인다. 구조도 크게 바꾸지 않았다. 기존 상태에서 바닥의 에폭시를 덧칠하고 재미있는 아이디어와 빈티지한 소품을 적재적소에 배치했더니 감각적인 공간이 되었다. 시원하게 트인 느낌을 주는 통유리창을 통해 마당과 그 너머 산까지 한눈에 들어오는 쇼룸, 따사로운 볕이 들어 평화로워 보이는 현관과 테라스, 널찍한 테이블이 놓인 작업실, 그리고 드문드문 테이블과 의자가 자리한 마당까지 어디 한 군데 요란하지 않다. 날선 각을 세우는 의상실은 아니지만 지루함을 덜기 위해 재치 있게 포인트를 주기도 했다. 쇼룸 바닥에 그려진 단발머리 소녀는 어릴 적 그녀를 형상화한 것. 산뜻한 핑크색 캐릭터가 자칫 무거워 보일 수 있는 공간에 생동감을 불어넣는다. 작업실과 마당에 놓인 테이블은 조각가 친구가 만들어준 것인데 시멘트 상판에 에폭시를 입혀 이 공간과도 잘 어울리고 무엇보다 실용적이다. 특히 작업실의 널따란 테이블은 작업대인 동시에 세 식구의 밥상이고, 사람들과 만나 차를 마시고 옷 이야기를 나누는 회의 탁자가 되기도 한다. 집의 한가운

초등학교에 다니는 아이방에서 문을 열면 바로 엄마의 작업실이다.

필요 이상의 가구를 찾아볼 수 없는 아이방. 천장에 봉을 설치해 옷걸이로 활용한 아이디어가 참신하다.

의상실에서 아담한 부부 침실과 아이방이 바라다보인다.

오래된 가구가 단출하지만 정갈한 실내 분위기와 잘 어울린다.

작지만 편안해 보이는 침실. 왼쪽의 미닫이문을 열면 뒷마당의 일부를 개조해 만든 드레스룸이 나온다.

데를 차지하는 작업실은 가족에게는 거실이자 다이닝룸이고, 손님에게는 미팅룸이 되는 그야말로 다목적 멀티 스페이스가 되었다.

"바느질이라는 것이 작은 것에 집중하는 일이라 오래하다 보면 눈이 피로해지는데 그럴 때 멀리 산을 바라보거나 마당에 나가 풀을 보면서 시야를 좁혔다 넓혔다 조절하면 피로가 풀려요. 저는 현관을 마주 보고 앉아 작업할 때가 가장 좋아요. 유리 사이로 햇살이 비칠 때도 예쁘고, 비가 올 때 빗방울이 똑똑 떨어지는 것도 참 예쁘거든요."

얼마 전에는 마당에서 지인들과 벼룩시장도 열었다. 각자의 물건들을 가지고 와서 작은 마당에 펼쳐놓고 판매했는데 한 달 전부터 힘들게 준비한 만큼 반응도 뜨거웠다. 이에 힘입어 주변 작가들이 만든 의상, 조각, 가구, 도자기 등을 모아 작은 아트페어도 열어볼 생각이란다.

"단독주택이라서 가능한 일이에요. 처음엔 내가 만드는 옷만 생각했는데 살다 보니 여럿이 공유하면 좋겠다 싶은 것들이 자꾸 생겨나요. 이 공간이 그런 아이디어를 많이 주는 것 같아요."

'costume cafe'라는 콘셉트를 접목한 것도 문턱을 낮춰 많은 사람을 들어오게 하기 위해서다. 실제로 대문 앞 작은 칠판에 커피라고 쓰인 문구를 보고 카페인 줄 알고 들어오는 사람도 꽤 된다.

"카페는 아니에요. 의상실이라고 하면 괜히 비쌀 것 같고 부담스러워서 멈칫하는 분들도 있잖아요. 그런데 여긴 그렇게 거한 곳이 아니거든요. 누구라도 지나가다 편히 들어와서 구경하면 좋겠다는 생각에 마당에 테이블을 놓고 간단하게 커피를 마실 수 있게 한 정도예요. 일종의 복합공간이 된 건데 그래서인지 찾아오는 손님의 폭이 확실히 넓어졌어요."

집과 작업실이 합쳐지면서 그녀 자신도 많은 부분 편해졌다. 더 많은 시간을 작업에 쏟을 수 있고 초등학교에 다니는 아이를 챙기는 것도 용이해져 워킹맘으로서의 부담도 조금은 덜었다.

"오가는 사람이 많아져서 그런지 쑥스러움을 많이 타던 아이가 한결 편해지고 활동적이 됐어요. 또 여름에는 마당에 텐트 치고 라면 끓여 먹고 하는데, 어떤 날은 텐트를 쳐놓으니까 들고양이가 먼저 들어가 자리를 잡고 있는 거예요. 주인 없는 들고양이가 새끼를 낳고 왔다 갔다 하길래 안쓰러워서 사료를 사다놓고 챙겨줬더니 이제는 제집 드나들 듯해요. 도망가지 않고 마당에서 한가롭게 낮잠도 자고요. 이 집에 살면서 이런 작은 이야기들이 만들어지는 것이 참 즐거워요."

반면 밥을 먹다가도 손님이 오면 아이와 남편이 황급히 자리를 피할 때도 있고 그만큼 사생활이 노출되는 것이 불편할 수도 있다. 집과 숍이 한데 있으려면 가족의 이해가 우선되어야 한다. 또 임차료나 유지비 등 현실적인 부분도 무시할 수는 없다. 그럼에도 그녀나 가족에게 이곳은 무척 쓸모 있는 공간임은 확실하다. 옷이 잘 팔려서가 아니다. 밥 해먹고 잠만 자는 집, 실과 바늘만 쥐고 씨름해야 하는 답답한 작업실이 아니기 때문이다. 딴생각할 여지가 많아서 좋고, 가족은 물론 이곳을 오가는 사람들과의 잔잔한 에피소드가 겹겹이 쌓이는 것이 즐겁고 소중하기 때문이다. 그것이 사는 재미고 기분 좋은 에너지가 되기 때문이다.

빗방울 떨어지는 소리를 듣기 좋은 처마.

햇살이 실내 공간 깊숙이 들어오는 현관.

부부 침실 옆 작은 주방.

마당과 실내 공간 사이에 있는 현관은
햇살이 들어오면 더없이 아늑해지는 곳이다.

김정은 씨 집 구조 (165㎡)

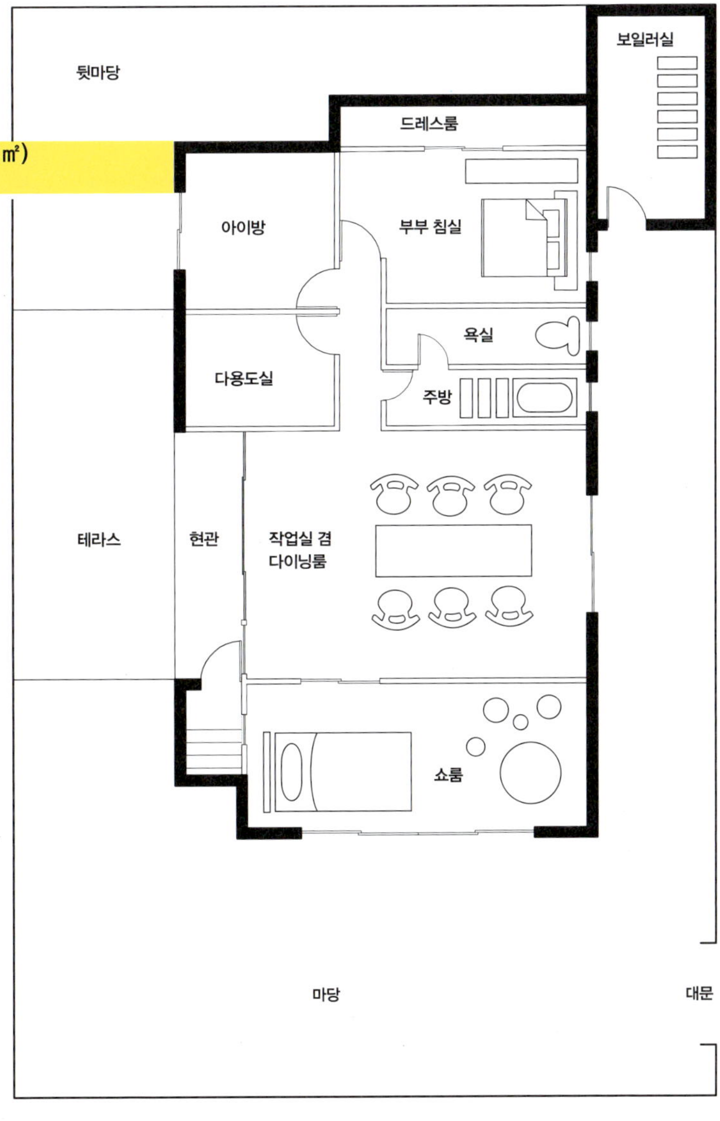

화장실 벽에 대나무를 걸어 수건걸이로 사용한다.

집, 일터를 품다! 전망 좋은 집의 주차장을 멋진 카페로

위 아래로 나누어

1층은
카페
2층은
작업실

서울 성북동

전미경 씨네

3층은
집

건물 **71** 평

대지 **98** 평

용도	케이크 카페 겸 주거 공간
대지 면적	323.4m^2
연면적	234.3m^2(1층 85.8m^2, 2층 72.6m^2, 3층 75.9m^2)
형태	지하 1층 지상 2층 철근콘크리트 구조
공간 구성	1층_ 케이크 카페
	2층_ 가족실 겸 쿠킹 클래스 겸 대여 파티 공간
	3층_주거 공간
	외부 공간_ 1, 2층 야외 테라스
입주 시기	2009년
위치	서울시 성북구 성북동 350-17
영업 시간	오전 11시~오후 10시
홈페이지	www.jscake.com

단독주택의 지하 주차장을 개조해 만든 케이크 카페 'j's cake'.
경사진 지형 때문에 공간 일부가 1층처럼
외부로 뚫린 구조를 십분 활용했다.
트렌디한 인테리어 대신 주차장 구조를 그대로
살려 편안한 공간으로 만들었다.

흩어진 시간과 공간을 한데로 묶은
집 + 케이크 카페 'j's cake'

단층집이 아니라면 집과 일터를 위 아래로 나누어 사용하는 것도 좋은 방법이다. 1층은 숍 2층은 집 이런 식으로 나누면 두 공간의 경계가 명확해져 각각 독립성을 확보할 수 있기 때문이다. 그런 점에서 성북동 전미경 씨의 집은 집과 일터를 한곳에 마련하고자 하는 사람들에게 이상적인 공간이다. 1층은 디자인 케이크 카페 'j's cake', 2층은 집 겸 상업 공간, 3층은 온전한 집으로 사용하고 있으니 말이다. 아파트, 주상복합, 빌라까지 매 시기 주거 공간의 트렌드를 선도하는 집에 살았다는 그녀가 2009년, 단독주택에 집과 케이크 카페를 마련했다. 성북동에서 삼청동으로 넘어가는 오르막길 초입에 위치한 이곳은 대로변 뒤편이라 조용하고 적당히 숨은 듯하나 골목 깊숙이 들어가는 곳도 아니라 접근성도 좋은 편이다. 무엇보다 언덕 위에서 성북동 경치를 감상하며 일하고 휴식하기에 더없이 좋은 곳이다. 덕분에 전망 좋은 카페에서 유기농 재료로 만든 케이크와 커피를 맛보는 호사는 손님들의 몫이다.

집 앞 시유지를 매입해 만든 야외 공간.

카페 내부 바닥은 에폭시로, 천장과 벽면은 화이트와
파스텔 톤 컬러로 마감했다. 이곳은 케이크 카페인 동시에 전미경 씨의 작업실이기도 하다.

실내에서도 성북동 풍경을 감상할 수 있는 공간.

주차장을 합법적인 상업 공간으로 바꾸다

먼저 그녀 이야기를 잠깐 해야겠다. 요리에 관심 많았던 전미경 씨는 10년 전 중년의 나이에 '디자인 케이크'라는 것을 만들며 뒤늦게 일을 시작했다. 세상에 하나밖에 없는 맞춤 케이크라는 콘셉트로 작품 같은 케이크를 선보인 것. 처음엔 온라인으로 주문 판매하던 것이 이른바 대박이 나면서 2004년 가회동에 오프라인 숍을 열고, 몇 년 전에는 삼청동에 디저트 카페 'j's kitchen'을 오픈하기에 이른다. 만만치 않은 가격임에도 불구하고 대박이 난 건 제품 번호에 따라 일률적으로 만드는 시판 케이크와 달리 특별하고 창의적이었기 때문이다. 고객의 특별한 이야기를 담은 케이크는 어떤 때는 예쁜 꽃이 가득 꽂히는가 하면 화려한 드레스를 입은 인형 모양이 되기도 하고, 책이 펼쳐진 모습으로 완성되기도 한다. 특별한 만큼 시간도 공력도 많이 들어가기에 한밤중은 물론 새벽까지 작업이 계속되는 경우가 많았다. 여기에 베이킹 클래스까지 운영하다 보니 작업실, 카페, 집을 오가는 시간마저 아쉬울 정도였다. 사정이 이렇게 되니 흩어진 시간과 공간을 한데 합치는 것이 좋겠다는 결론에 이르렀다. 삼청동에서 카페를 운영하고 있던 그녀에게 성북동은 익숙한 곳이기도 했고 차분히 작업하기에 좋은 환경이었다. 이 집은 원래 주차장 위에 두 개의 층이 있는 가정집이었다. 상업적인 색깔이 짙지 않은 공간을 원했는데 자신이 그리던 그림과 딱 맞는 집이었다. 그리고 이사 오기 3년 전 신축한 집이라 지하 주차장을 개조해 카페 공간으로 만들면 다른 부분은 크게 손을 대지 않아도 될 것 같았다.

"경사진 지형 때문에 지하 주차장 앞쪽은 1층처럼 뚫려 있어서 공사가 수월했어요. 하지만 주차장을 그냥 상업 공간으로 개조하는 건 불법이에요. 그럴 경우 별도의 주차 공간을 확보해야 하는데 다행히 집 앞에 있는 시유지를 매입할 수 있었어요. 그러니까 기존의 주차장을 카페로 용도 변경하고 매입한 시유지에 주차장과 야외 덱을 만든 거죠."

용도 변경 문제가 해결된 뒤에는 카페 인테리어 공사가 관건이었다. 하지만 트렌디하게 치장할 생각은 없었다. 너무 많은 사람으로 북적이기보다는 맛있는 케이크를 먹으면서 한 템포 쉬어갈 수 있는 곳이기를 바랐기 때문에 '핫'한 인테리어와는 거리가 있다. 천장과 벽면은 화이트로, 바닥은 에폭시로 마감한 카페 내부는 거창하지 않다. 벽면 일부를 파스텔 톤으로 마감하고 내추럴한 나무 테이블과 모던한 의자가 여유 있게 간격을 두고 놓여 있다. 무엇보다 성북동 고급 주택가는 물론 돈암동, 삼선동까지 내려다보이는 전망을 자랑하는 야외 덱은 테이블과 의자만 있어도 인기다.

"무턱대고 근사한 공간보다는 내가 하는 일에 적합한 공간, 내가 편안함을 느끼는 공간에 손님을 초대한다는 마음이 더 컸어요. 대신 여기까지 왔는데 다른 곳과 똑같은 케이크를 내놓는 건 내 자존심이 허락하지 않아서 케이크만큼은 스페셜한 것으로 대접합니다."

주인장이 직접 만든 케이크를 진열한 쇼 케이스.

카페 입구 화장실.

가족실 겸 파티 공간으로 대여하는 2층은 사적인 공간인 동시에 외부에 개방하는 곳이기도 하다. 2층 주방은 그녀의 작업실이자 베이킹 클래스가 되기도 한다.

박공지붕이 인상적인 3층은 주거 공간이다.

1층은 카페, 2층은 집 겸 상업 공간, 3층은 집

처음엔 1층은 카페, 2층과 3층은 주거 공간으로 쓸 계획이었다. 2층은 장성한 두 자녀의 공간으로, 3층은 부부의 공간으로 나누어 사용하면 될 것 같았다. 그런데 가족들 모두 아침에 나가면 밤에나 들어오는데 하루 종일 비워두기 아까워 계획을 수정했다. 3층은 주거 공간으로, 2층은 주거 공간 겸 상업 공간으로 활용하기로 한 것. 따라서 2층은 가족 모임이 있을 때는 리빙룸이 되고, 평소에는 작업 공간 겸 베이킹 수업이 열리는 강의실이 된다. 미리 예약한 고객에게는 파티룸으로 내주기도 한다. 절반은 집이고 절반은 상업 공간인 셈이다. 따라서 굳이 가정집 분위기를 바꿀 필요가 없어 별다른 인테리어 공사를 하지 않았다. 천장고를 높이고 수업할 때 필요한 아일랜드 식탁을 들인 정도. 나머지는 그녀가 사용하던 앤티크 가구와 살림살이를 옮겨와 집처럼 꾸몄다. 작은 뒤뜰이 있고 하늘이 시원스럽게 펼쳐지는 전망 좋은 테라스까지 갖춘 2층은 사적인 공간과 상업 공간을 자연스럽게 넘나드는 또 하나의 집이다.

"살다 보면 집에서 그다지 필요하지 않은 것들이 생기는데 그 중에는 2층이나 1층에서 쓸모 있는 것들이 있어요. 그런 것들은 내려보내요. 그러면 살림집은 점점 심플해지고 실상 내가 공유할 수 있는 공간은 오히려 넓어지는 것 같아요."

실제로 온전한 주거 공간인 3층은 1, 2층과 달리 모던하고 심플하다. 높은 박공지붕 아래 천장도, 벽도, 조명도 모두 하얗다. 정말 군더더기 하나 없이 단정하고 공간의 크기나 구성도 네 식구에게 꼭 필요한 만큼이다. 그야말로 세 개의 층이 저마다의 역할에 맞게 효율적으로 쓰이고 있다. 물론 오르락내리락하다 보면 집은 집대로 카페는 카페대로 일이 끊이지 않는다. 하지만 일반적인 상업 공간에서는 뭔가 부족했던 부분을 채울 수 있고, 자신이 지향하는 것들을 한곳에서 이룰 수 있어 집으로서도 일터로서도 만족스럽다고 한다.

케이크 카페 입구. 원래 외부로 개방된 지하 주차장 입구가 그대로 카페 출입구가 되었다.

1층 야외 공간 위쪽도 2층 테라스로 활용한다.

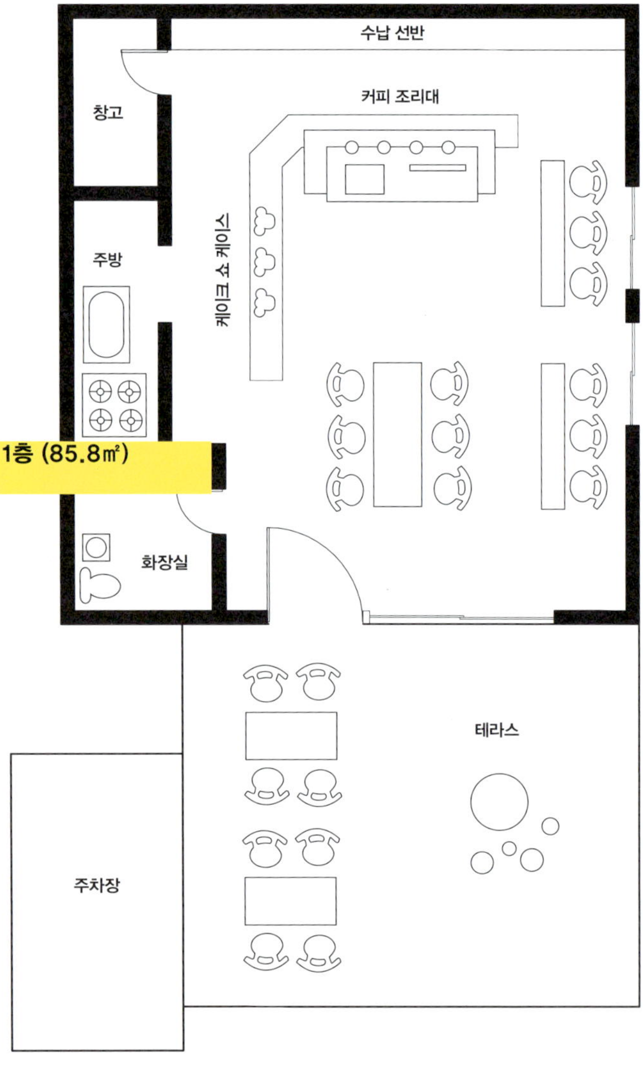

전미경 씨 집 구조　1층 (85.8㎡)

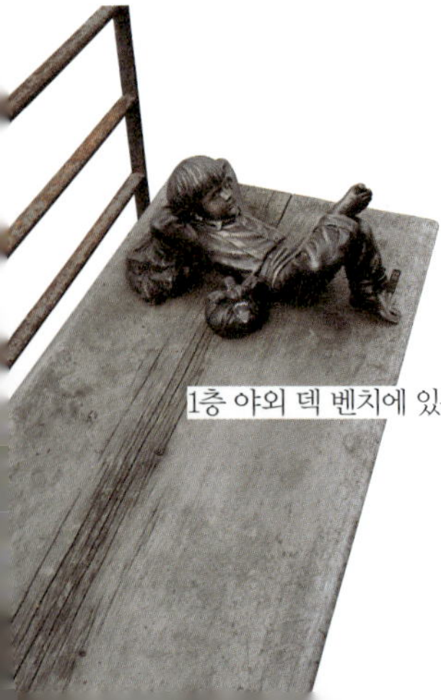

- 수납 선반
- 커피 조리대
- 창고
- 주방
- 케이크 쇼 케이스
- 화장실
- 테라스
- 주차장

1층 야외 덱 벤치에 있는 작은 조각상.

2층 거실. 다용도실 문을 수납 선반으로 활용했다.

3층 다이닝룸은 이 집에서 전망이 가장 좋은 곳이다.

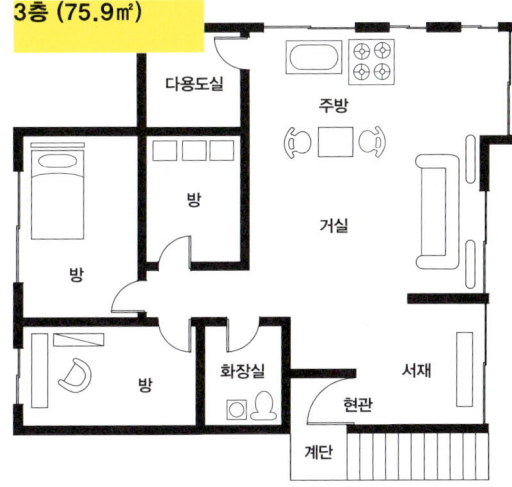

3층 (75.9㎡)

3층 거실. 천장고가 높고 널찍한 창이 있어 성북동 전망이 한눈에 들어온다.

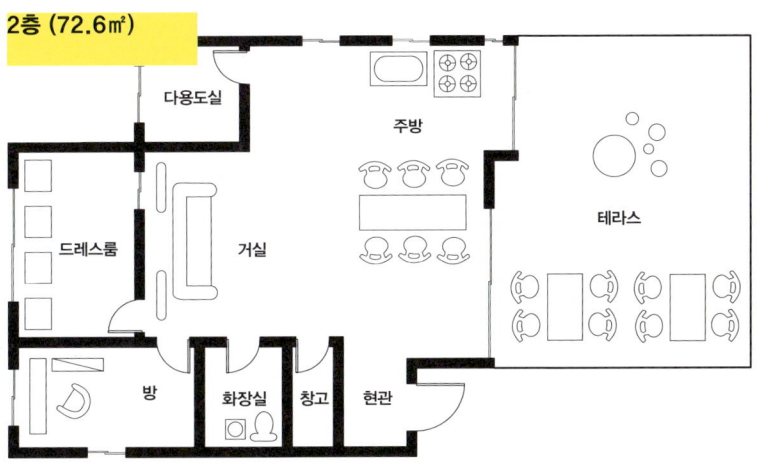

2층 (72.6㎡)

집, 일터를 품다! 창문 밖 테라스를 로스팅 하우스로

90만 원으로
뚝딱!

처마 밑

1.5평 커피집

일산 풍동　　　　　　　　강미숙 씨네

건물 **20**평

대지 **80**평

용도	로스팅 하우스 겸 주거 공간
대지 면적	264m²
연면적	66m²
형태 및 특징	지하 1층 지상 1층 목구조 중 지상 1층만 임차
공간 구성	거실, 방 2개(로스팅룸, 침실), 주방, 욕실, 테라스
입주 시기	2010년
위치	경기도 고양시 일산동구 풍동 450-37
영업 시간	오전 11시~오후 7시 / 일요일, 월요일 휴무
홈페이지	www.coffeebori.com

창문 밖 자투리 공간을 활용한 아이디어가 돋보이는 커피가게 '보리'. 업체에 의뢰하지 않고 주인장이 직접 손을 댄 덕분에 정식 카페는 아니지만 커피를 사러 오는 사람들에게는 보너스 같은 공간이 생겼다. 단돈 90만 원으로 얻은 알토란 같은 공간이다.

작은 전원마을 멋쟁이 사랑방
커피가게 '보리'

2011년 커피 수입액이 사상 최고라는 통계가 말해주듯 커피 열풍이 거세다. 작은 커피 전문점 하나 내고 싶다는 사람이 한둘이 아니고, 한 집 건너 한 집이 카페라고 할 만큼 카페 전성시대다. 하지만 번듯한 카페 하나 내려면 임차비에 인테리어에 비용이 만만치 않은 데다 잘되리라는 보장도 딱히 없다. 로망만 가지고 덤볐다가는 쪽박 차기 십상이라는 얘기다. 그렇다면 위험 부담이 적은 다른 방법이 없을까. 일산의 작은 전원마을에 있는 커피가게 '보리'에서 힌트를 얻을 수도 있겠다. 원두를 로스팅해 판매하는 이곳은 집 안팎을 살뜰하게 활용해 큰돈 들이지 않고 작은 가게를 만들었다. 커피와 각종 용품이 그럴듯하게 진열된 공간이 있는 건 아니다. 굳이 가게라고 한다면 거실 창문 밖 테라스에 작은 테이블이 놓인 정도다. 집 안에서 로스팅하고 거실 창문을 사이에 두고 판매가 이루어지는 셈이다.

마당에 만든 키 낮은 대문.

커피가게 보리의 마스코트 강군이.

나무 패널로 마감한 집 외관의 따뜻한 느낌이 로스팅 하우스 이미지와도 잘 어울린다.

오늘의 원두 리스트가 적힌 칠판.

손바닥만 한 집 앞 마당을 풍성하게 채운 식물들.

기존에 있었던 테라스 공간. 손님이 붐비면 이곳도 인기다.

카페보다 로스팅 하우스

애초에 '보리'를 취재할 생각은 아니었다. 이렇게 작은 동네에 이런 가게가 있다는 것조차 몰랐으니 말이다. 이 책에 소개한 최성미 씨의 집을 찾아가다 길을 잘못 들어서는 바람에 그야말로 우연히 마주친 곳이 바로 보리다. 처음에는 가정집인지 커피를 파는 곳인지 헷갈렸다. 정식 간판이 있는 것도 아니고 집 앞 작은 칠판에 'bori coffee roaster'라고 쓰여 있는 정도였으니까. 그런 소박함이 작은 전원마을과 썩 잘 어울린다. 보리의 주인장 강미숙 씨가 이 동네에 이사 온 건 2010년 7월. 원두를 로스팅해서 인터넷 쇼핑몰을 통해 판매할 계획이었다. 이 정도는 집에서도 충분히 할 수 있는 일이기에 집과 일터를 겸할 수 있는 아담한 전셋집이 필요했다.

"커피가 좋아 시작했지만 인터넷 판매한다고 컴퓨터 화면만 들여다보며 일하고 싶지는 않았어요. 손님들 얼굴 보면서 커피 맛이 어떤지 얘기도 듣고 싶었고, 또 직접 맛을 보고 구입하기를 원하는 분도 꽤 있어서 오프라인 판매도 하면 좋겠다고 생각했어요. 그렇다고 상권 좋은 시내로 나갈 생각은 없었어요. 임차료가 비싸기도 하고, 카페를 하려는 게 아니기 때문에 굳이 넓은 공간이 필요하지도 않았으니까요. 인터넷 쇼핑몰은 집에서도 할 수 있고, 게다가 커피는 넓은 공간을 차지하기 않기 때문에 집만 잘 구하면 가능할 것 같았거든요."

집에서 로스팅을 하자면 아파트나 빌라 같은 공동주택보다는 단독주택이, 도심보다는 한적한 동네가 적격이다. 은은한 커피 향기를 풍겨도 신경 쓰이지 않을 테니 말이다. 이 점을 염두에 두고 집을 찾았다. 독립된 주택이면서 소매점을 겸할 수 있는 곳, 이왕이면 작은 마당이 있는 집 위주로 찾았다. 그렇게 해서 찾은 곳이 전원마을의 아담한 집. 집 전체가 아니라 땅과 닿아 있는 지상 1층만 전세로 임차했다. 용도 변경을 하지 않고도 가게로 사용할 수 있는 조건인 데다 창문 밖에 작은 테라스가 있어 딱 좋았다. 어차피 사람들로 붐비는 카페를 만들 목적이 아니라 원두 판매가 주였기 때문에 그만하면 충분했다. 나무 패널로 외관을 마감한 집의 잔잔하고 따뜻한 느낌은 로스팅 하우스 이미지와도 잘 맞았다. 과하게 화려하지도 남루하지도 않다. 20평 남짓한 집 내부는 방 2개와 거실, 주방과 화장실로 이루어졌는데, 그 중 방 하나를 로스팅룸으로 사용하고 거실에서 마당 쪽으로 난 창문 주변에 커피머신과 원두를 진열해놓았다. 창문 밖 공간엔 아담한 테이블과 만화책이 진열된 작은 책장이 있고 원두 리스트가 적힌 칠판이 벽에 걸려 있다. 전문가의 세련된 솜씨라기보다 집주인의 손맛으로 만든 공간임을 단박에 알아차릴 정도다. 비싸지 않으면서도 예쁜 소품이 꼭 필요한 자리에 놓여 있고, 집 주변에 낮은 울타리를 만들고 야생화를 심어 정성 들여 가꾸는 흔적이 또렷하다. 누가 봐도 푸근한 인상을 주는 집이다.

90만 원으로 3일 만에 만든 알토란 같은 공간

2010년 7월에 이사하고 인터넷 판매는 바로 시작했지만 창밖에 공간을 만든 건 그해 12월. 처마 밑 자투리 공간을 활용하는 정도여서 공사랄 것도 없이 눈비 정도 가릴 수 있게 포장마차처럼 비닐이나 둘러치자는 생각이었다.

"그래도 나름대로 좀 꾸며보자는 생각에 스케치를 해서 친구에게 보여줬어요. 집 짓는 일을 하는 친구는 제가 그린 게 영 어설퍼 보였는지 기막혀 하면서 도와줬지요. 친구가 쉬는 날이면 하루씩 짬을 내서 저와 둘이 만든 공간이에요."

재료는 가능한 한 재활용해 비용을 줄였다. 문짝은 근처 농원에서 얻고 테이블은 단골 국수집이 폐업할 때 저렴하게 구입했다. 책장은 주인장이 쓰던 것을 내오고 의자는 몇 개는 얻고 또 몇 개는 구입했다. 돈이 가장 많이 들어간 것이라면 기본 틀을 만드는 데 필요한 나무와 천장 마감에 사용한 자재 정도다. 총 공사 비용 90만 원에 큰 틀을 짜는 데 3일이 걸렸다. 물론 거기서 끝이 아니라 손수 페인트 색깔도 바꿔보고 테이블도 이리저리 옮기면서 지금도 꾸준히 만들어가는 중이다.

두세 명 앉으면 꽉 차는, 1.5평도 안 되는 창문 밖 공간을 알음알음 찾아오는 단골도 제법 있는 편이다. 하지만 한 번 온 사람들이 다시 찾는 가장 큰 이유는 친구 집에 놀러온 것처럼 부담 없고 편안해서일 것이다.

"가끔은 소문 듣고 찾아왔다가 밖에서 슬쩍 보고는 '어, 이게 다야?' 하면서 그냥 돌아가는 분들도 있어요. 정식 카페처럼 뭔가 특별한 인테리어나 분위기를 기대하고 오면 당연히 그럴 수 있죠. 여기는 카페가 아니라 로스팅 하우스니까요. 그런데 우연히 왔다가 알게 된 분들은 의외의 공간을 만났다며 오히려 좋아하세요."

보리는 마을의 사랑방 구실도 톡톡히 한다. 동네 사람들이 부담 없이 차 마시며 수다 떨기 편한 장소가, 마음 넉넉한 주인을 따르는 동네 아이들의 놀이터가 되는 것도 마다하지 않는다. 외부 공간이 여유로운 주택이기 때문에 가능한 일이다. 집이 곧 일터이기에, 밥을 짓는 것처럼 커피도 편안한 마음으로 볶는다는 강미숙 씨. 그녀는 컴퓨터 화면에 입력된 이름과 주소만이 아니라 직접 사람을 마주하며 일하고 싶다는 바람을 창문 밖 공간을 통해 이루었다. 그런 점에서 보리는 다양한 활용 가능성을 품은 주택의 매력과 자투리 공간 활용의 묘미를 살린 곳이라 하겠다.

이곳이 커피가게임을 알리는 유일한 간판.

강미숙 씨 집 구조 (66㎡)

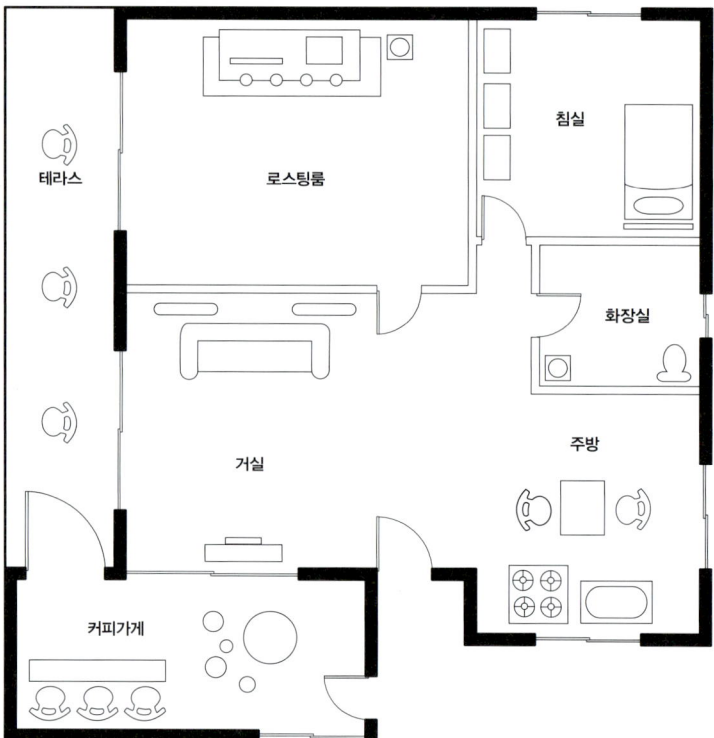

1.5평 남짓한 작은 공간이지만 테이블 위치를 수시로 바꿔가며 효율적으로 활용한다.

아담한 커피가게의 외관.

폐업하는 식당에서 저렴하게 구입한
테이블이 이곳에선 근사하게 자리하고 있다.

낡은 가구를 파스텔 톤 칠을 해 재활용한 수납장.
보리에선 재활용한 물건이 대부분이다.

보리의 커피와 함께 맛볼 수 있는 수제 브라우니.

커피가게 밖 마당에도 파라솔과
테이블을 놓아 아담한 야외 공간으로 활용한다.

1   집, 어떻게 찾아야 하나?

TV는 물론 잡지와 신문에도 단독주택에 관한 이야기가 많이 나온다. 그런 기사를 볼 때마다 마당 있는 집에 살고 싶다는 열망은 점점 커지는데 대체 어디서부터 어떻게 찾아야 할지 막막하기만 하다. 단독주택은 집의 규모나 상태도 천차만별이고 아파트처럼 쉽게 비교하기 힘든 것도 사실이다. 단독주택 전문 부동산 중개사와 단독주택을 구한 사람들의 경험을 토대로 적합한 부동산 중개사무소를 찾는 것부터 집을 선택할 때 반드시 확인해야 할 사항들을 알아보았다.

먼저, 진심으로 단독주택에 살고 싶은지 다시 한 번 생각하라!

단독주택 붐에 휩쓸려 섣불리 결정하면 후회할 수밖에 없다. 언론에 보도되는 단독주택의 행복한 일상 이면에 감수해야 할 불편함도 있다는 것을 간과해서는 안 된다. 넉넉하지 않은 예산에 맞는 집을 찾다 보면 집 앞에 차를 댈 수 없거나 급경사 지대이거나 앞뒤로 건물이 가로막고 있어 답답한 곳일 수도 있다. 주차, 방범 문제가 쉽게 해결되고 편의시설이 다양한 아파트와 비교하면 악조건일 수도 있다. 그럼에도 불구하고 단독주택에 살고 싶은 이유가 명확하고, 그런 현실적인 불편함을 감수할 만한 가치가 있다고 판단할 때 실행한다. 실제로 부동산을 찾은 많은 사람 중에 그동안의 생활 패턴을 바꾸는 것이 여의치 않아 가격만 물어보고 나가는 경우가 한둘이 아니라고 한다.

단독주택 자체가 목적이 되어서는 안 된다!

오로지 단독주택에 살고 싶은 생각만 앞서다 보면 돈에 맞춰 출퇴근 거리가 너무 먼 외곽으로 빠지는 경우도 있다. 그러나 이런 경우 다시 한 번 신중히 생각해봐야 한다. 어쩌다 한 번 놀러가는 별장이 아니라 매일 오가는 집이라는 사실을 명심할 것. 근교라 하더라도 직장과 인접한 곳이라면 가능하다. 예를 들어 직장이 강남이라면 경기 남부권, 강북이라면 경기 북부권을 고려할 수 있겠지만 그 반대라면 출퇴근하다 지치기 십상이다. 후회하고 되돌리기엔 금전적·시간적 손실이 날 수밖에 없다. 가족 모두가 행복한 삶을 위한 선택이니만큼 현실적인 부분을 충분히 고려해야 한다. 최종 목표는 단독주택 소유가 아니라 그곳에서의 행복한 삶이라는 사실을 잊지 말 것!

결심이 서면, 동네를 정하고 인터넷으로 시세를
확인한 후 부동산을 찾아가라!

단독주택행을 결정했다면 먼저 살고 싶은 동네를 정해야 한다. 융통 가능한 자금과 직장과의 거리, 교육 환경 등 가족의 상황을 고려하는 것은 필수다. 또한 적어도 5~10년 정도의 미래를 염두에 두고 적합한 동네를 찾아야 한다. 많은 사람이 선망하는 동네는 이미 가격이 올라 비쌀 수도 있으니 자신에게 익숙한 동네, 직장과 가까운 곳, 친정이나 시댁과 가까운 동네를 먼저 찾아보는 것도 방법이다. 동네가 결정되면 인터넷을 통해 해당 지역의 단독주택 시세를 확인한다. 원하는 규모와 예산에 얼추 맞는 매물이 있다고 생각되면 그 지역 부동산을 찾아가면 된다. 누가 얼마에 좋은 집을 샀다더라 하는 식의 남의 집 정보는 크게 도움이 되지 않는다. 예산에 맞는 매물이 있다면 직접 가서 눈으로 확인하는 것이 가장 빠르고 정확하다. 또한 부동산에 백 번 전화해서 가격을 물어보는 것보다 한 번이라도 직접 찾아가는 것이 훨씬 낫다. 생각해보라. 누군지도 모르는 사람이 전화해서 "얼마예요" 하는 사람과 실수요자라는 확신을 주면서 직접 방문하는 사람, 당신이라면 누구에게 성실하게 응대하겠는가?

부동산 중개사에게 진솔하게 얘기해야
좋은 집을 구할 수 있다!

노련한 부동산 중개사는 문을 열고 들어오는 사람의 얼굴만 봐도 실수요자인지, 지나가다 시세만 물어보는 사람인지 어느 정도 분간할 수 있다고 한다. 그러니 뜨내기에게 일일이 성심성의껏 대하기를 기대하는 건 무리다. 어쩌다 들러 꼬치꼬치 물어보는 손님을 위해 귀한 시간을 허비하려 하지 않는 것은 당연한 일. 하루에도 그런 손님이 한둘이 아닐 테니 말이다. 따라서 알짜 정보를 듣고 싶다면 정말 집을 구하고 싶은 마음을 보여야 한다. 또한 자신의 조건과 가장 잘 맞는 현실적인 집을 찾아야 한다. 처음부터 '어차피 구경하는 건데 여러 곳 보면 좋은 것 아니냐' 하는 생각으로 접근했다가는 좋은 집도 볼 수 없거니와 중요한 정보도 얻을 수 없다.

동네에 있는 부동산을 샅샅이 뒤질 필요도 없다. 너무 많은 곳을 다니며 가격만 물어보면 내게 필요 없는 정보까지 듣게 되어 혼란스러울 수 있고, 오히려 시세만 올리는 격이 될 가능성이 있으니 주의해야 한다. 서너 군데를 방문해보고 자신의 요구 사항을 잘 이해하는 곳을 한 군데 정해 집중 공략하는 편이 낫다. 어차피 같은 동네에서는 매물을 공유하기 때문에 굳이 여러 군데 돌아다니지 않아도 된다. 일단 자신에게 맞춤한 부동산이 정해지면 자신이 원하는 바를 진솔하게, 구체적으로 얘기하면서 믿음을 줘야 한다. 가격만 물어보고 혼자 판단할 것이 아니라 예산은 얼마이고, 어떤 조건의 집을 찾는지, 그 동네에서 그런 집을 구할 수 있을지, 다른 방법이 있을지에 대해 대화를 이어나가야 한다. 훌륭한 건축가는 땅에 맞는 집을 짓듯이 진솔한 중개사는 좋은 이웃을 만든다는 생각으로 고객의 상황에 맞는 집을 구해준다고 한다.

'몇 군데 다녀봤는데 여기가 제일 믿음이 가네요. 저는 다른 데 안 가고 이 부동산하고 할 거예요' 하는 멘트는 필수. 이렇게 되면 부동산 중개사 입장에서도 자기 고객이라는 확신을 갖게 되고, 적합한 매물이 나오면 알아서 전화를 주게 마련이다. 특히 매물이 잘 나오지 않는 동네라면 미리 자신이 원하는 규모와 조건, 예산 등의 가이드라인을 명확히 주는 것도 방법이다. 실제로 이런 방법으로 집을 구한 경우가 많다.

혹시 예산 범위를 넘어서는 집을 소개했다면 딱 잘라 거절할 것이 아니라 '나는 돈이 안 맞지만 주변에 관심 있는 사람 있는지 한번 물어볼게요' 라고 응대하는 센스를 발휘할 것! 실제로 소개해주면 좋고 그렇지 않다 해도 상대를 기분 좋게 하니 좋은 관계를 유지할 수도 있다. 단, 어떤 매물을 두고 '어, 이거 저쪽 부동산에서는 더 싸게 말하던데' 이런 말은 삼간다. 그 말은 곧 얼마든지 다른 부동산으로 갈 수 있다는 뜻으로 비치기 때문이다. 그런 상황에서는 말을 아끼는 편이 낫다. 여기저기 다닐 자신이 없다면 그 동네에 살고 있는 지인을 통해 믿을 만한 부동산을 소개받는 것도 방법이다. 지인이 거래했던 곳이라면 더욱 좋다.

부동산 중개업소에도 주력 분야가 따로 있다!

부동산 중개업소에도 전문 분야가 있다. 어떤 곳은 아파트를 전문적으로 중개하는가 하면 어떤 곳은 상가, 토지, 단독주택, 전원주택 이런 식으로 저마다 주력하는 부분이 다를 수 있다. 부동산 중개사와 이야기를 나누면서 그곳의 주력 분야를 파악하는 것도 중요하다. 물론 토지를 전문으로 하는 곳에서 아파트를 중개하기도 하지만 이왕이면 부동산 중개사가 잘 아는 분야라면 더 유리한 조건의 집을 찾을 가능성이 높기 때문이다. 특히 단독주택은 사전에 확인해야 할 서류도 있기 때문에 경험이 많은 곳이라야 실수가 없다.

이런 경우도 있어요   부동산 중개업소도 제각각 전문 분야가 있다!

"여윳돈이 조금 생겨서 재테크 차원에서 전세 끼고 아파트를 하나 사두려고 부동산을 찾아갔어요. 주변에 아파트 단지도 많고 해서 찾아간 곳인데 가격을 좀 더 깎으려다가 무산되어버렸죠. 허탈해하면서 부동산 사무실에 앉아 있었는데 부동산 사장님이 다른 손님에게 그 지역 땅에 대해 설명하는 걸 듣게 됐어요. 땅 살 생각은 한 번도 해본 적이 없었는데 평생 살 집을 지을 수 있겠다 싶어 솔깃했어요. 덕분에 땅을 계약하고 몇 년 뒤에 집을 지어 마당 있는 집에 살고자 했던 꿈을 실현했어요. 알고 보니 그 부동산이 인근의 택지지구를 전문으로 거래하는 곳이었던 거예요. 만약 그때 부동산이 아파트만 주력으로 하는 곳이었다면 그런 정보를 얻지 못했을 테고 지금도 아파트에 살고 있었겠죠."

맘에 드는 집,
빨리 찾는 것만이 능사는 아니다!

단독주택은 아파트처럼 쉽게 구할 수 있는 것이 아니다. 위치, 구조, 주변 환경 등이 아파트처럼 비슷하지 않고 매물도 많지 않기 때문이다. 또한 비교하고 살펴야 할 것이 무수히 많고 집의 노후 상태도 천차만별이기 때문이다. 돈뿐만 아니라 원하는 집을 찾기 위한 충분한 노력과 시간의 투자가 필요하다. 경험자들의 이야기를 들어보면 공통으로 하는 말이 발품을 많이 팔수록 좋은 집을 찾을 수 있다는 것이다. 그러므로 꾸준히 자주 찾아봐야 한다. 주말마다, 혹은 한 달에 두 번 이런 식으로 방문 횟수를 정해 꾸준히 찾아보는 것도 방법이다. 이 책에서 인터뷰한 사람들도 원하는 집을 구하는 데 짧게는 6개월, 길게는 3년 가까이 걸렸다. 물론 원하는 집이 명확하다면 짧은 기간 내에 찾을 수도 있다. 특히 이전에 아파트에만 살았던 사람이라면 더욱 신중해야 한다. 운 좋게 맘에 드는 집을 쉽게 찾았다 해도 전혀 다른 환경으로 옮기는 것이기에 선뜻 결정을 내리기는 쉽지 않을 것이다. 달라진 환경에 대한 두려움과 걱정이 밀려오기 때문이다. 하다못해 주차 문제부터 방범에 관한 불안함, 쓰레기 처리는 어떻게 해야 하는지, 교육 여건, 편의시설 등이 어떨지 한두 번 봐서는 알 수 없다. 누구라도 그 동네에 살아보지 않고는 잘 모르는 것이 당연하다. 처음에 집 구경 갈 때야 별것 아니라고 생각했던 문제들이 일상이 되면 만만치 않게 불편할 수 있다는 점을 염두에 두어야 한다. 따라서 낯선 동네라도 자주, 많이 다녀보고 여러 집을 보다 보면 나름의 비교 기준이 생기고, 처음엔 생각지 못했던 소소한 불편함도 알게 된다. 그래서 적당한 집이 나왔을 때 집 자체의 상태를 보는 것 못지않게 집에서 학교, 마트, 병원 등 일상적인 생활 반경을 직접 걸어도 보고 차를 타고 가보는 것도 하나의 방법이다.

원하는 동네에 먼저 전세로
살아보는 것도 방법이다!

어찌어찌해서 맘에 드는 집을 찾았어도 소소한 소품을 사는 것이 아니라 전 재산을 건 프로젝트다 보니 쉽게 결정을 내리지 못하는 경우가 부지기수다. 마음을 접자니 미련이 남고, 결단을 내리자니 정말 괜찮을까 하는 의구심이 떨쳐지지 않는 것도 당연하다. 아파트의 경우 단지별 특성이 명확하고 단지 배치도만 봐도 어느 정도 파악할 수 있는 반면 단독주택은 단기간에 지역적 특성을 알기에는 정보가 미흡한 것이 사실이다. 직접 살아봐야 알 수 있는 부분이 적지 않다는 뜻이다. 이럴 땐 원하는 동네에 전세로 살아보는 것도 방법이다. 이는 실제로 단독주택 밀집지역의 부동산 중개업소에서도 적극 추천하는 방법이다. 단독주택행을 주저하는 이유 중에 하나가 아파트와 달리 매매가 쉽지 않다는 점이다. 그런데 정작 살아보니 기대와 달리 자신의 삶의 패턴과 맞지 않는다는 판단이 섰다고 치자. 매매를 한 경우라면 맘처럼 쉽게 집을 팔고 이사하기 어렵겠지만 전세라면 상대적으로 부담이 적다. 따라서 1~2년 정도 자신이 추구하던 단독주택에서 살아보고 결정하는 것도 시행착오를 줄일 수 있는 방법이다. 실제로 사람들이 선망하는 동네나 전원주택이나 택지지구에 신축한 집 중에도 전세 매물이 종종 있다. 아파트만큼 물량이 많지 않고 지역과 집 규모에 따라 편차는 있지만 아파트 전세금 정도의 자금으로 임차할 수 있는 집도 적지 않다.

동네 사정에 훤한 토박이가 있다,
그들을 만나라!

그렇게 원하는 동네에서 정착해 살다 보면 이전에 잘 몰랐던 많은 것을 알게 된다. 일단 동네 사람을 많이 알게 되고, 그 속에 부동산 중개사보다 더 나은 동네 토박이를 만나게 된다. 대대로, 적어도 몇 십 년 이상 그 마을에 산 사람들은 어느 집에 젓가락이 몇 개 있는지도 다 안다고 말할 만큼 동네 사정에 훤하다. 대단지 아파트가 없고 단독주택이 밀집한 곳에는 으레 터줏대감들이 있다. 그들은 대부분 그 동네에서 함께 살아온 부동산 중개사들과도 친분이 있다. 그래서 그들과 오며가며 이야기 나누다 보면, 이전에는 보지 못한 진짜 맘에 드는 집을 찾을 수 있다. 또 집이 나오는 정보를 가장 빨리 입수하기도 하고 매매 가격도 타지 사람일 때보다 저렴하게 협상하기도 한다. 내가 원하는 집을 잘 찾아줄 수 있는 부동산을 소개해주기도 한다.

동네 토박이이면서 부동산 중개사라면 금상첨화다. 이 책을 쓰기 위해 만난 부동산 중개사 중에는 아버지의 부동산을 아들이 대를 이어 하는 곳도 있었다. 그는 학창 시절부터 그 동네에 쭉 살았기 때문에 동네의 역사를 꿰고 있을 뿐 아니라 향후 발전 계획에도 정통해 단독주택을 보는 방법은 물론 확인할 서류까지 알기 쉽게 유용한 정보를 제공했다. 이런 경우 중개 수수료만 챙기면 끝나는 것이 아니라 계약이 성사될 경우 이웃이 된다는 생각 때문에 보다 책임감을 가지고 집을 소개하게 된다.

이런 경우도 있어요   단독주택이 밀집한 지역에서는 부동산 중개사보다 나은 슈퍼마켓 주인이 있다!

"한번은 단독주택지로 서울의 서촌이 괜찮다는 이야기를 듣고, 단독주택이 많은 청운동의 한 부동산을 가본 적 있어요. 주위를 둘러보니, 동네가 조용하고 평지라서 살기에도 좋겠다는 생각이 들었거든요. 가까이 청와대가 있어 치안도 걱정 없을 것 같고, 주변 학군도 아주 좋았어요. 이런 동네라면, 정말 살아볼 만하겠다 싶어 본격적인 부동산 투어를 하겠다는 생각으로 찾아간 결과, 그곳엔 마땅한 부동산이 없었어요. 겨우 발견한 단 한 곳의 부동산에는 할아버지가 앉아 계셨고, 그분께 원하는 집에 대해 설명했으나 답변은 '그런 집 없어요' 하는 무뚝뚝한 말뿐이었어요.

정말 없을까 싶어 다시 동네 골목골목을 다니며 집들을 기웃거렸는데, 나온 집은 없는지 모르겠지만 딱 맘에 드는 집은 여러 채 보였어요. 속으로 '집이 없긴. 이 집도 단독주택, 저 집도 단독주택, 많기만 하구먼. 내가 원하는 집이 바로 이런 집이라고.' 이렇게 중얼거리며 지나가던 중 골목 내 상가건물 1층에 자리한 슈퍼마켓을 발견했어요. 무작정 그곳 주인장 아저씨에게 '이 동네는 집이 안 나오냐'고 물었더니, 의외로 그분이 '어떤 집을 원하느냐'며 친절하게 응대해주었어요. 또 그분에게 부동산 중개업소에는 없다던 매매 정보도 들을 수 있었어요.

'저 집은 얼마에 나왔고, 요 집은 얼마에 나왔어. 그 집은 얼마 전에 누가 얼마에 팔라고 했는데, 집주인이 더 달라고 해서 못 팔았지. 우리 집도 팔라며 늘상 사람들이 찾아와. 나는 이 집 ○○○원 아니면 안 팔거야.'라고 말하셨어요.

어떻게 그렇게 잘 아시느냐고 물었더니, '내가 이 동네에서 57년 살았어요. 아마 부동산보다 더 잘 알 걸요.'라고 하셨어요."

단독주택 선택 기준은 아파트와 다르다!

첫째, 아파트와 달리 단독주택은 역세권보다는 주거 밀집지역이 낫다. 생활의 편리성보다는 조용하고 편안한 삶의 질을 위한 선택이라면 더욱 그렇다. 또한 일반적으로 도로에 접한 집이 좋은데, 그렇다 해도 차들이 씽씽 달리는 4차선 이상의 대로변보다는 동네 이면도로에 접해 있어야 시끄럽지 않다.

둘째, 비슷한 규모의 필지가 많은 동네를 선택하는 것이 좋다. 주변은 모두 필지가 큰데 우리 집만 작다거나 그 반대인 경우보다는 비슷한 집들이 모여 있으면 이웃과의 관계 형성도 용이하고 매매할 때도 유리하기 때문이다.

셋째, 주거 밀집지역이라 하더라도 되도록 주변에 빌라가 없고 단독주택으로만 형성된 곳이면 더 좋다. 전용주거지역은 단독주택 중심인 1종 전용주거지역과 공동주택 중심인 2종 전용주거지역으로 구분되는데 만약 해당 지역이 2종 주거지역이라면 현재는 단독주택인 옆집 앞집이 빌라로 건축허가가 날 수도 있다. 그렇게 주변에 하나 둘 높은 건물이 들어서면 단독주택 단지를 유지하기 어렵고 나 홀로 단독주택으로 고립될 가능성도 배제할 수 없기 때문이다. 과거에 일시적인 규제 완화로 빌라가 한두 개 정도 있지만 향후 높은 건물이 들어설 계획이 없다면 크게 문제 될 것은 없다. 개별 필지별 계획은 토지이용계획확인원을 통해 확인하면 된다. 물론 동네 전체가 리모델링, 재건축, 재개발 지구에 포함되는지 여부를 확인하는 것은 기본이다.

토지이용계획확인원, 건축물대장, 지적도를 확인하라!

마음에 드는 집을 찾았다면 계약하기 전에 반드시 확인할 서류가 몇 가지 있다. 특히 신축할 계획이라면 몇 층까지 지을 수 있는지 개발제한구역은 아닌지 등을 꼼꼼히 알아봐야 한다. 따라서 토지이용계획확인원, 지적도, 건축물대장 확인은 필수다. 토지이용계획확인원에는 지목, 면적, 공시지가, 건폐율, 용적률, 용도지역, 해당 법령 등이 표기되어 있다. 즉, 토지의 현재 사항 및 향후 어떤 목적으로 사용할 수 있는지와 개별필지의 건축 제한 사항 등도 알 수 있다. 예를 들면 용도지역에 주거지역으로 되어 있다면 대형 빌딩이 들어설 수 없고, 역사문화미관지구 등으로 지정된 곳이라면 지붕이나 담장 등에 규제가 있을 수 있다. 토지이용계획확인원은 국토해양부에서 제공하는 토지이용규제정보서비스 사이트(luris.mltm.go.kr)에서 열람할 수 있다. 특히 신축할 계획이라면 토지이용계획확인원을 가지고 해당 구청 건축과 담당 공무원을 찾아가 자세한 사항에 대해 문의한다.

다음으로 지적도를 확인한다. 지적도란 토지의 소재, 지번, 지목, 경계 등을 나타내는 지도

다. 그런데 우리나라 지적도는 일제강점기에 만들어져 땅의 모양과 위치가 실제와 달라 이웃집과의 경계가 모호한 경우가 많다. 예를 들면 지적도상에 표시된 땅은 20평인데 실제 집은 이웃집 땅이나 국유지를 침범해 지어져 20평보다 더 넓은 경우가 있다. 이런 경우 국가와 이웃집에 토지 사용료를 내기도 한다. 이런 집을 구입해 신축하게 되면 지적도상의 소유 지분만 인정되고 여기에 해당 지자체에서 정한 용적률을 적용하면 집이 작아질 수밖에 없다. 또한 집 앞의 도로가 공공도로가 아닌 사유도로라면 통행료를 내야 할 수도 있으므로 지적도를 꼭 확인해야 한다. 특히 도시계획 이전부터 형성된 동네나 그린벨트와 접한 동네의 경우 지적도와 실제 경계가 다르기도 하다. 이런 경우 경계측량을 하는 것도 방법이다. 경계측량은 매도인과 협의가 되면 계약 전에도 가능하며 해당 지자체에 신청하고 일정 비용을 지불하면 된다. 지적도는 시·군·구청, 읍·면·동사무소나 민원24 홈페이지(www.minwon.go.kr)를 통해 발급받을 수 있다.

마지막으로 집 자체의 상태를 알아보려면 건축물대장을 확인하면 된다. 이는 건물의 상황을 명확하게 기록한 장부로 가옥대장이라고도 한다. 여기에는 건축 연도, 주요 소재 등이 기재되어 있어 건물의 강도와 단열 수준을 어느 정도는 가늠할 수 있다. 하지만 시간이 지나면서 바뀐 부분이 건축물대장에 기재되지 않아 실제와 다른 경우도 있으므로 나머지는 육안으로 확인한다. 이때 누수나 결로 등의 흔적이 있는지도 꼼꼼히 확인할 것. 건축물대장은 시·군·구청, 읍·면·동사무소나 민원24 홈페이지(www.minwon.go.kr)를 통해 발급받을 수 있다.

이러한 내용들은 등기부등본 정도만 확인하면 되는 아파트를 구입할 때는 경험하지 못한 것이라 생소할 수 있는데 부동산 중개업소를 통해 확인하면 무리가 없다. 그 외에도 '부동산중개확인설명서'에 명시된 확인 사항들을 꼼꼼히 보고 미처 확인하지 못한 부분이 있다면 중개사에게 설명을 요구해야 한다. 단, 지적도 확인 여부는 설명서에도 나오지 않는 부분이므로 잘 챙겨서 살펴봐야 한다. 무엇보다 이런 부분을 제대로 설명해줄 수 있는 부동산을 선택하는 것이 중요하다.

알아두면 도움 되는 인터넷 사이트

온나라부동산정보통합포털 www.onnara.go.kr 지도로 찾는 필지별 부동산 정보, 분양 정보, 토지이용규제 정보, 각종 부동산 통계와 정책 등을 제공하는 정부의 부동산 정보 포털 서비스다. 토지이용계획확인원 발급, 개별공시지가 열람, 인터넷 등기 열람 및 발급 등의 민원 서비스도 받을 수 있다.

토지이용규제정보서비스 luris.mltm.go.kr 국토해양부가 운영하는 사이트로 토지이용계획, 용도지역지구별 규제 내용, 법령 안내, 건축 인허가 절차 등에 관한 정보를 얻을 수 있다. 인터넷을 통해 토지이용계획확인서를 열람할 수 있다.

민원24 www.minwon.go.kr 단독주택 구입 시 필요한 각종 서류를 인터넷으로 발급받을 수 있는 정부 민원 포털 사이트다. 토지이용계획확인원, 건축물대장, 토지(임야)대장, 지적도 등을 인터넷상에서 신청, 발급받을 수 있다.

주거지역 용도에 따른 건폐율과 용적률을 살펴보라!

땅이나 집을 살 때는 자신이 어떤 용도로 사용할 것인지 먼저 생각하고 구입해야 한다. 주거지역이라 하더라도 용도에 따라 건폐율과 용적률이 달라지기 때문에 신축이나 증축 시 제한을 받을 수 있기 때문이다. 도시 지역을 기준으로 주거지역의 건폐율과 용적률은 아래 제시한 범위 내에서 각 지자체의 도시계획조례에 따라 달리 적용하므로 미리 확인한다.

구 분	주요 내용	건폐율	용적률
제1종 전용주거지역	단독주택 중심의 양호한 주거 환경을 보호하기 위해 필요한 지역	50% 이하	50% 이상 100% 이하
제2종 전용주거지역	공동주택 중심의 양호한 주거 환경을 보호하기 위해 필요한 지역	50% 이하	100% 이상 150% 이하
제1종 일반주거지역	저층주택을 중심으로 편리한 주거 환경을 조성하기 위해 필요한 지역	60% 이하	100% 이상 200% 이하
제2종 일반주거지역	중층주택을 중심으로 편리한 주거 환경을 조성하기 위해 필요한 지역	60% 이하	150% 이상 250% 이하
제3종 일반주거지역	중고층주택을 중심으로 편리한 주거 환경을 조성하기 위해 필요한 지역	50% 이하	200% 이상 300% 이하
준주거지역	주거 기능을 위주로 이를 지원하는 일부 상업 기능 및 업무 기능을 보완하기 위해 필요한 지역	70% 이하	200% 이상 500% 이하

2 돈, 어떻게 마련해야 하나?

많은 사람이 단독주택을 꿈꾸지만 현실적으로 발목을 잡는 것이 바로 자금이다. 현재 내가 가진 돈으로 모두 해결되면 좋겠지만 그렇지 못할 경우, 가장 먼저 생각하는 것이 대출. 단독주택을 계획하면서 자금 마련을 위한 대출에 대해서도 알아두면 보다 현실적인 계획을 세우는 데 도움이 될 것이다.

단독주택 담보 대출, 아파트와 다르다!
단독주택은 아파트에 비해 DTI(총부채상환비율)에 대한 규제가 거의 없거나 매우 약하다. 따라서 소득 증빙이 어려운 경우라면 아파트에 비해 대출받기 유리할 수도 있다. 반면 아파트에 비해 단독주택은 대출 가능 금액이 적고 대출 금리가 높다는 점을 간과하지 말 것. 아파트는 매매도 쉽게 되는 편이고 만약 경매에 넘어가더라도 낙찰률이 높아 금융기관 입장에서 봤을 때 담보 취득 및 평가, 사후 관리가 쉽기 때문이다. 이런 이유로 아파트는 실제 거래되는 시세에 근접하게 감정가가 산출되는 반면 단독주택은 낮게 평가된다. 따라서 최대 대출한도는 아파트와 단독주택이 동일하다 해도 감정가 기준이 다르기 때문에 실제 대출 가능 금액은 아파트가 높은 편이다.

대출, 얼마나 가능할까?
대출 한도는 금융기관별로 조금씩 다르다. 일반적으로 제1금융권을 기준으로 보면 감정가의 60%까지 가능하다. 이 비율은 단독주택과 아파트에 동일하게 적용된다. 저축은행이나 기타 금융권의 경우 대출 한도가 높은 반면 대출 금리도 높다는 점에 유의해야 한다. 감정가는 외부 감정평가를 기준으로 정해진다. 단, 단독주택의 경우 건물과 토지가 구분 등기되어 있다면 토지는 공시지가를 기준으로, 건물은 건축물신축단가표를 기준으로 산정하기도 한다. 그런데 무조건 대출을 많이 받는다고 좋은 일은 아니다. 대출도 결국은 갚아야 하는 빚이기 때문이다. 대출을 최대한 받고 집값이 오르면 집을 팔아서 갚으면 된다고 생각하는 경우가 있는데 이는 상당히 위험한 발상이다. 절대 떨어지지 않을 것 같은 아파트 값이 하락하고 거래가 끊긴 상황만 봐도 그렇다. 집을 삶의 공간이 아니라 투자 대상으로 생각한다면 가격 상승뿐 아니라 하락도 같은 비중으로 고려해야 한다. 또한 원하는 시기에 원하는 가격으로 처분하기 어려울 수 있다는 점에 대비해 대출 금액을 정할 필요가 있다.

토지를 구입해 집을 지을 때,
두 번의 대출을 효과적으로 활용하라!

건물이 없는 토지(나대지)를 구입해 집을 짓는다면 두 번의 대출이 가능하다. 먼저 토지를 담보로 토지 구입 자금을 대출받을 수 있다. 대출 한도는 감정가의 60% 내외인데, 지역에 따라 약간의 차이가 있다. 토지 감정가는 보통 공시지가를 기준으로 산정한다. 구입한 토지에 집을 지으면 건물을 담보로 또 한 번 대출을 신청할 수 있다. 건물이 완공되면 그 건물까지 담보로 제공한다는 각서를 작성하면 건축 비용을 대출받을 수 있다. 다만, 추가 대출이 가능한지 아니면 대출액 일부를 상환해야 되는지는 건물이 완공되고 나서 건물에 대한 감정평가 및 방의 개수, 전세금액에 따른 임대차 공제에 따라 결정된다. 집을 다 짓고 등기가 나온 다음에는 기존의 토지 담보 대출액을 주택 담보 대출로 전환하면 이자 부담을 줄일 수 있다. 금융기관마다 차이가 있지만 주택 담보 대출 금리가 토지 담보 대출 금리보다 낮기 때문이다. 즉, 신규로 주택 담보 대출을 받아 기존의 토지 담보 대출을 상환하는 식이다. 이때 대출 시기에 따라 중도상환수수료를 낼 수도 있고 주택 담보 대출 시에는 인지세, 국민주택채권 할인 비용 등도 내야 하므로 미리 확인해둔다. 이 비용을 감안하더라도 통상적인 금리 차이를 고려할 때 주택 담보 대출로 바꾸는 것이 유리하다.

또한 건물이 없던 토지에 집을 지을 경우, 일정한 자격 요건을 갖추면 정부에서 지원하는 대출 상품 혜택을 받을 수도 있으므로 정부 지원 대출을 취급하는 은행을 찾아가 자격 요건이 되는지 미리 확인한다.

대출 한도와 금리 외에 챙겨야 할 것들!

보통은 대출 한도와 금리에만 관심을 둔다. 하지만 대출을 받은 후에도 영향을 주는 중도상환수수료, 변동금리 주기, 대출 만기, 연체이자율, 부대비용 등도 꼼꼼히 살펴야 한다. 소비자가 냈던 근저당권 설정비는 은행이, 국민주택채권 매입비는 소비자가, 인지세는 소비자와 은행이 절반씩 내도록 규정이 바뀌었다. 그리고 대출약정서를 작성한 후에는 복사본을 꼭 챙겨두어야 나중에라도 문제가 생기지 않는다. 또한 최근에는 금융기관의 대출 심사 기준이 담보 위주에서 소비자의 채무 상환 능력 평가 위주로 바뀌고 있다. 따라서 구체적인 상환 계획 등을 제시할 필요도 있다. 따라서 물건을 쇼핑하듯 무조건 금리가 싼 곳만 찾기보다는 주거래 은행을 활용하는 편이 더 유리하다. 대출 담당자도 잘 만나야 한다. 경력이나 재직 기간에 따라 알고 있는 정보의 깊이와 넓이가 다를 수 있기 때문에 이왕이면 베테랑 직원에게 상담 받는 것이 좋다. 대출 업무 3~10년 정도 경력의 대리나 과장급으로 실무에 능한 직원과 상담하면 무리가 없을 것이다. 물론 경력은 오래된 것 같은데 시시각각 변하는 규정이나 최신 상품에 어둡거나 무리하게 추가 금융상품을 끼워 파는 데만 관심을 보이는 사람이라면 경계하는 것이 좋다. 또한 편법 대출에 현혹되지 않아야 한다. 단독주택 관련 인터넷 사이트나 카페에 보면 유리한 조건으로 대출해준다는 광고성 글이 적지 않게 올라온다. 부동산중개사무실이나 아파트 단지에 붙은 대출 광고만 봐도 일반 금융기관보다 훨씬 높은 대출 한도와 좋은 조건을 제시하는 경우가 많다. 심지어 시세의 90%까지 대출해준다는 경우도 있다. 이는 과장 광고이거나 편법 대출일 수 있다. 특히 금융기관에 직접 가서 상담하지 않고 부동산 중개업소나 광고를 보고 대출 상담을 받을 경우 상담해주는 사람이 대출상담사 자격을 가졌는지 먼저 확인해야 한다. 또 그런 사람에게 받은 상담이라고 하더라도 상담 후에는 그 내용이 정확한지 해당 은행에 가서 다시 한번 확인하는 것이 안전하다. 만약 대출 상담 자격이 없는 사람과 계약한 상황에서 분쟁이 발생하면 책임 소재가 불분명해 구제받지 못할 수도 있기 때문이다. 그리고 대출상담사에게는 금융기관이 별도의 수수료를 지급하므로 따로 수수료를 내지 않아도 된다.

지출 시기, 집값 외의 추가 비용까지 고려해 자금 계획을 세워라!

주택을 구입할 때도 계약금, 중도금, 잔금으로 나누어 지급하듯 집을 지을 때에도 돈이 한꺼번에 들어가지는 않는다. 건축 과정에서도 계약금을 먼저 내고 나면 공정별로 일정 비율을 나누어 지급하고, 건물 준공 후 잔액을 치르는 조건으로 계약할 수 있다. 따라서 공사 진행 상황에 따라 자금 지급 시기를 정하고 그 스케줄에 맞춰 돈을 마련하면 된다. 단, 집을 계약하기 전에 잔금 지급 시기까지 고려한 다음 대출이 어느 정도까지 어떤 조건으로 가능한지 미리 승인을 받아놓고 시작해야 문제가 없다.

집값 외에도 준비해야 할 자금이 의외로 많다. 취·등록세, 부동산 중개 수수료, 등기 수수료, 이사 비용은 기본이고, 집이 노후한 경우 리모델링이나 신축 비용도 만만치 않다. 리모델링이나 신축을 하게 되면 공사하는 동안 임시 거처를 마련해야 하고 이에 대한 비용이 들어가고, 이삿짐을 보관하면 이사 비용은 거의 두 배까지 든다. 또한 가구나 가전제품을 교체할 경우 그 비용까지 파악해 예산에 반영해야 한다.

이자 상환 능력 말고 원리금 상환 능력을 고려하라!

일반적으로 아파트에 비해 단독주택은 환금성이 낮다. 따라서 예상치 못한 상황에 처했을 때 처분하기 어려울 수도 있다는 점을 염두에 두고 대출 규모와 상환 시기를 결정해야 한다. 그런데 집집마다 수입은 물론 경제적 상황이 다르기 때문에 집값의 몇 퍼센트까지 대출받는 것이 안전하다고 말하는 것은 큰 의미가 없다. 보통은 자신의 수입에서 대출이자를 낼 수 있는 정도까지 꽉 채워 대출을 받으려고 한다.

그런데 요즘처럼 경제가 불안할 때는 달리 생각해볼 필요가 있다. 대출은 평생 이자만 내면 되는 것이 아니다. 결국에는 갚아야 하는 빚이고, 일정한 거치 기간이 지나면 원금과 이자를 함께 내야 한다. 이자만 낼 때는 견딜 만해도 원금을 함께 갚을 때가 되면 부담스러울 수밖에 없다. 집값 상승을 기대하고 과도하게 대출받았다가 집값은 떨어지고 금리는 올라 하우스 푸어로 전락하지 않으려면 신중히 생각해야 한다. 따라서 대출 상환 시기에 특별히 목돈이 생길 계획이 없다면 가계 수입에서 매달 원리금 상환 금액을 감당할 수 있는 수준에서 대출액과 상환 기간을 결정하기를 권한다. 특히나 단독주택은 집을 재테크 수단으로 삼아 모험을 걸기보다는 집값의 등락에 동요하지 않고 행복한 삶의 터전을 마련한다는 시각에서 접근해야 한다.

부모와 함께 집 짓기, 부분 임대도 방법이다!

향후 부모와 함께 살 계획이 있다면 그 시기를 앞당기는 것도 방법이다. 요즘 유행하는 한 필지에 두 집을 나란히 짓는 땅콩집이나 일반 단독주택의 위아래 층을 나누어 부모와 각각 한 층씩 사용한다면 아파트와 달리 독립된 공간을 확보할 수도 있고 비용 면에서도 서로 부담을 줄일 수 있다. 비용 부담을 덜기 위해서라면 임대도 고려해볼 수 있다. 실제로 땅콩집의 경우 한 채를 임대해 건축비를 충당하기도 한다.

주택담보대출체크리스트

주택 담보 대출 금리는 전국은행연합회 홈페이지(www.kfb.or.kr)에 은행별, 상품별로 비교 공시되어 있다. 하지만 실제로 대출 상담을 할 때에는 저마다의 신용도와 조건에 따라 우대금리와 가산금리가 적용되기 때문에 상담 전 물어볼 것을 꼼꼼히 살펴보고 계획을 세우는 것이 중요하다. 일반적으로 주거래 은행이 유리하지만 세 군데 정도는 비교 상담할 필요가 있다. 특히나 담보 대출은 기한 연장이 없는 장기분할상환대출이 많기 때문에 거래 실적이 없더라도 은행별 지점별로도 금리가 다를 수 있다. 경우에 따라 주거래 은행보다 금리가 낮은 경우도 있다. 다음의 체크리스트를 이용해 주택 담보 대출 시 알아야 할 사항을 금융기관에 질문하고 메모해 적합한 대출 상품을 선택하는 데 활용한다.

구 분	○○은행(예)	△△회사
1. 대출받을 수 있는 금액은 얼마입니까?	1억 원	
2. 상환 방식, 만기, 금리에 대하여 상담하십시오.		
(동일한 금리라도 상환 방식과 만기에 따라 매월 상환금액이 달라집니다.)		
가. 대출금 상환 방식의 장점과 단점이 무엇인지 상담하고 결정하십시오.		
원리금 균등 상환 방식		
원금 균등 상환 방식	○	
만기 일시 상환 방식		
나. 만기는 몇 년이 적당합니까?	10년	
다. 거치기간이 필요할까요?	아니오	
라. 금리는 몇 % 입니까?		
(변동금리는 금리 인상 가능성을 고려해 고정금리와 비교하십시오.)		
① 변동금리 (변동주기를 확인하세요)	5.5%	
② 만기 동안 예상되는 금리 변화	+0.5~1%p	
③ 고정금리	6.0%	
④ 금리 차이 (① + ② − ③)	0~1%	
마. 우대금리를 적용받을 수 있습니까?	△0.2%	
급여이체, 신용카드 등 거래 실적에 따라 금리 혜택이 있을 수 있습니다.		
바. 기타 수수료가 있습니까?		
3. 실제로 부담하는 연간 총비용(라−마+바)	5.8%	
4. 현재의 가처분소득으로 상환하는 데 문제가 없습니까?(①−②−③= 원)		
① 월소득	3,000,000	
② 월지출(교육비, 생활비 등)	2,000,000	
③ 매월 대출원리금 상환액	586,753	
미래(3년 후) 가처분소득으로 상환하는 데 문제가 없습니까?(① − ② − ③)		
① 월소득		
② 월지출(교육비, 생활비 등)		
③ 매월 대출원리금 상환액		
5. 대출금을 만기 이전에 상환할 경우 중도상환수수료는 얼마입니까?	0.5~2%	
6. 근저당권 설정 비용은 얼마입니까?	100만 원	

3   책 속의 집주인들이 전하는 이것만은 꼭!

안주인의 취향과 남편의 도움이 받쳐줘야 한다

아무래도 집을 관리하는 데는 아내의 역할이 크다. 아파트에 비해 주택은 주부에게 불편한 점이 여러 가지 있기 때문에 그것을 감수할 수 있는지가 가장 중요하다. 소박하게 집 가꾸는 재미를 누릴 줄 아는 사람이라면 단독주택에서 행복감을 느낄 것이고, 그렇지 못한 경우라면 얼마 못 가 다시 아파트로 돌아갈 것이다.

살림살이도 다이어트가 필요하다

집이 아주 크지 않고서는 아파트의 살림을 웬만한 단독주택에 맞추기란 쉽지 않다. 그 많은 짐을 이고지고 갈 수 있는 집은 흔치 않기 때문이다. 정말 필요한 것만 남기고 과감하게 정리할 마음을 먹으면 집 선택의 폭이 훨씬 넓어질 것이다.

작은 집일수록 필요한 공간과 수납 정도를 꼼꼼히 파악하라

30평대 미만의 단독주택, 그중에서도 한옥을 리모델링한다면 자신에게 필요한 공간의 크기와 수납의 정도를 꼼꼼하게 살펴서 반영해야 한다. 그렇지 않을 경우 공간 분할이 타이트하게 되어 있는 아파트에 비해 공간 활용도가 떨어진다고 느낄 수 있다.

부지런하지 않으면 무엇도 얻을 수 없다

예쁜 마당을 원하면 꽃도 심고 나무에 물도 줘야 한다. 바람에 쓰러진 나무도 일으켜 세워줘야 하고, 눈이 오면 직접 쓸어야 하고, 낙엽이 쌓이면 치워야 한다. 따라서 빗자루는 단독주택의 필수품이다. 주택에서는 내 몸을 움직이지 않고는 아름다운 경치도, 생활의 여유도 누릴 수 없다. 반면 주인이 정성을 쏟는 만큼 빛이 나는 것도 주택이다.

평당 건축비의 환상에서 벗어나라

집을 짓는다고 하면 평당 건축비만 생각한다. 건축비는 그야말로 본체를 짓는 데 드는 비용일 뿐이다. 대지 구입비, 토목 공사비, 인입비, 산재보험료, 각종 세금, 부동산 중개 수수료, 이사 비용, 가구와 인테리어 추가 비용까지 그야말로 다양하다. 평당 건축비만 생각하고 시작했다가 큰코다치기 십상이다. 이런 제비용까지 고려해 건축비의 40~50% 정도를 추가로 준비하라고 권한다.

시행착오를 두려워 마라

처음 단독주택에 살다 보면 때로 어이없는 실수를 저지르기도 한다. 하지만 그런 시행착오가 쌓이고 쌓여 삶의 지혜가 되고 살면서 배우는 것들이 정말 많다. 그렇기 때문에 그림 같은 집이 아니더라도 단독주택에서 꼭 한번 살아보라고 권하고 싶다.

견적이 낮거나 높은 데에는 분명 이유가 있다

오래된 집을 고쳐 살려고 한다면 업체 선정에 신중을 기해야 한다. 여러 군데 견적을 받아 마감재는 물론이고 A/S 여부까지 꼼꼼히 따져야 한다. 값이 싸거나 비싼 데에는 분명 이유가 있음을 잊지 말자. 이 점을 염두에 두고 무엇이 나에게 가장 합리적인 선택인지 판단하면 된다. 무작정 값이 싸다고 덜컥 계약했다가는 배보다 배꼽이 커질 수도 있다.

생각한 만큼의 디자인이 나오느냐가 관건이다

집을 짓다 보면 돈 들어갈 데가 많아 설계도를 들여다보기보다는 계산기만 열심히 두드리는 경우도 있다. 중요한 것은 내가 생각한 디자인이 나오느냐다. 그것이 건축의 절반이다. 만족스러운 디자인이 나온 후에 견적을 받고 일을 진행해야 집 지으면서 10년 늙지 않는다.

집 지을 때 조급한 마음은 금물! 여유를 가져라!

직접 집을 지으려면 일단 여유를 가져야 한다. 집을 짓다 보면 날씨나 여러 가지 사정으로 계획보다 일정이 늦춰지는 경우가 많다. 그런데 이사 날짜를 정해놓고, 그 날짜에 시공 일정을 맞추려고 하면 집의 완성도가 떨어질 수밖에 없다. 그 며칠간의 조급함이 살면서 두고두고 후회로 남는다는 것을 명심할 것. 따라서 살던 집의 이사 날짜를 여유 있게 잡고, 그럼에도 날짜 맞추기가 어렵다면 얼마간의 불편을 감수하더라도 설계대로 꼼꼼히 시공하는 것이 길게 보면 비용도 줄이고 살면서 후회하지 않는 지름길이다.

배수, 방수, 급수, 온수가 핵심이다

주택에서는 단열과 더불어 물과 관련한 문제를 해결하는 것이 가장 중요하다. 무엇보다 물이 잘 빠지고 건물에 스며들지 않는 것만으로도 구조적인 하자를 방지할 수 있다. 특히 폭우가 쏟아지는 장마철을 대비해 배수와 방수가 잘 되는지 점검하고 관리한다. 다음으로 수돗물 잘 나오고 겨울에 온수가 원활하게 공급되면 크게 불편할 것이 없다. 그래서 배수, 방수, 급수, 온수 문제만 잘 해결하면 주택 생활이 한결 편리해진다. 기존 주택을 선택할 때도 이 점을 염두에 두고 결정한다.

서울근교에서 단독 주택 찾기

현실의 집   둘 :

도시에서는 땅값이 부담스러워 마당 있는 집에 살기 어렵다면 근교로 나가는 것도 방법이다. 같은 예산으로 도시보다 한결 여유 있는 공간을 확보할 수 있으니 말이다. 이런 경우 어느 정도 기반시설이 갖춰진 택지지구, 도시와 가까워 상대적으로 거리적 부담이 덜한 소규모 전원마을, 자연에 한결 가깝고 한적한 전원주택 등을 생각할 수 있다. 여기 소개한 이들의 공통점이라면 기존 생활 반경에서 가까운 지역을 선택했고, 땅을 구입한 다음 조급하게 집을 짓지 않았다는 것. 그리고 집 짓는 과정에 직접 참여해 규격화된 전원주택과는 다른 공간 구성과 개성이 돋보이는 집을 얻었다는 점이다.

부디, 집에서 가족들의 지금 이야기를 만들어가는 행복을 놓치지 말기를 바란다.

현재를 담보로 미래의 행복을 추구하는 것이 언제나 정답은 아니다.

그런 점에서 내 삶의 공간을 주도적으로 만들어가는 시간은 꼭 필요하다.

누군가 일방적으로 만들어주는 집이 아니라

자신의 필요에 의해 만드는 집이 바로 가치 있는 집이다.

땅콩집의 또 다른 버전

주부 재테크의
진수

외콩집
날다

용인시 동백택지지구   박한승·윤상희 씨네

건물 **50**평

대지 **68**평

가족 구성	4인(부부, 자녀 2명)
대지 면적	224m²
연면적	165m²(1층 82.5m², 2층 82.5m²)
형태	지상 2층 목구조
공간 구성	1층_ 거실, 주방, 방(게스트룸), 드레스룸, 욕실, 화장실
	2층_ 방 3개(부부 침실, 자녀 침실, 놀이방), 드레스룸 2개, 욕실 2개
	외부 공간_ 마당
공사 범위	신축(집주인이 직접 인테리어)
입주 시기	2008년 대지 구입, 2010년 입주

집주인이 직접 시공 과정을 챙겨 개성을 살린 박한승·윤상희 씨 집.
1층은 거실과 주방이 중심이 되는 가족
공동의 공간으로 활용한다. 거실과
주방 창밖 마당에는 덱을 넓게 깔아 관리는
수월하고 아이들이 놀기 좋게 만들었다.

이 주부가 사는 법,
이 주부가 짓는 방법

최근의 단독주택 열풍을 일으킨 기폭제는 단연 땅콩집이다. 한 필지에 두 채의 집을 나란히 지어 마당을 공동 사용하는 형태의 땅콩집은 외콩집, 완두콩집(한 필지에 여러 채를 지어 바닥 면적은 좁은 대신 층수를 높인 집), 땅콩밭(땅콩집 여러 개가 단지를 이루는 형식) 등으로 진화하며 이목을 끌고 있다. 경기도 용인 동백 택지지구에 자리한 박한승·윤상희 씨의 집은 땅콩집과 같은 목조주택이지만 두 가구가 나란히 사는 형태가 아닌 단독, 일명 외콩집이다. 땅콩집을 지은 건축가이자, 〈두 남자의 집 짓기〉라는 책으로 전국에 땅콩집 열풍을 일으킨 이현욱이 설계한 그녀의 집은 땅콩집 바로 앞집이다. 윤상희 씨 가족은 서울에서는 땅값이 비싸 생각하지 못하는 마당 있는 집에 대한 꿈을 서울 근교에서 실현했다. 도시와 뚝 떨어져 출퇴근하는 데만 몇 시간씩 걸려 가장의 희생이 뒤따르는 허울 좋은 전원주택이 아니다. 출퇴근하기에도 멀지 않고 교통과 각종 편의시설 등의 인프라가 잘 갖춰진 택지지구를 선택했기에 가능한 일이었다.

단독주택으로 이사하면서 아이들은 집 안팎에서 맘껏 뛰놀 수 있게 되었다.

주방에서 바라본 1층 거실 전경.

주방과 거실은 문 대신 바닥의 단 차이를 이용해 공간을 나누고, 계단 아래 공간에는 작은 화장실을 만들었다. 화이트를 기본 컬러로 하고 문과 천장 일부는 미송으로 마감했다.

2층 부부 침실 옆 드레스룸.

2층은 부부의 공간과 아이들 공간이 마주 보고 있다.

1층 주방. 식탁은 주문 제작했다.

계단 아래 공간에 작은 화장실을 만들고 문은 모두 미송으로 달았다.

9년 동안 여덟 번, 파란만장한 이사 역사(?)에 종지부를 찍다

30대 중반에 대지 68평에 1, 2층 각각 25평짜리 집을 소유하고 있다면 분명 부러워할 만한 일이다. 그런데 이 집에 정착하기까지의 이야기를 들으면 이 시대를 살아가는 대한민국 30~40대의 힘겨운 삶의 일면을 보는 듯해 공감도 되고 마음 한켠이 짠하기도 하다.

"결혼하고 9년 동안 아파트에서 아파트로 8번을 이사했어요. 남편의 회사 발령 때문이기도 했고 재테크 차원이기도 했어요. 수도권에 사둔 작은 아파트는 전세를 주고 남편의 근무지를 따라 서울과 좀 더 떨어진 지방으로 가면 더 싼 가격에 넓은 아파트에 전세로 들어갈 수 있어요. 거기서 생긴 차액을 종잣돈 삼아 나름대로 열심히 재테크를 하는 거죠. 그런데 아이가 학교 갈 시기가 가까워지면서 이게 뭐하는 건가 싶은 거예요. 정말 중요한 건 놓치고 재테크하다 지치겠다 싶었어요."

1년에 한 번꼴로 이삿짐을 싸다 보면 집이 집처럼 느껴지지 않았을 것이다. 큰아이가 초등학교 갈 시기가 가까워지자 이제는 정착해 살고 싶다는 생각도 간절했다. 그러던 차에 2008년 리먼브러더스 사태로 미국 금융위기가 터졌고 그 여파로 집값이 떨어지자 기회는 이때다 싶어 좀 더 넓은 아파트를 사기로 마음먹었다. 그런데 가격을 좀 더 깎으려다 계약이 무산되었다. 그때 부동산에서 아파트를 사지 말고 땅 사서 집을 지으라고 했는데 땅에 대해서는 잘 알지도 못했고 아파트가 제일이라는 생각에 처음엔 귀담아듣지 않았다. 그러다 우연히 부동산 중개인이 어느 노부부에게 이 동네에 대해 설명하는 걸 들었는데 이거다 싶은 감이 왔단다. 그래서 주변 땅을 둘러보고 남편과 상의도 없이 덜컥 계약부터 해버렸다. 그 일로 처음엔 부부싸움도 했지만 이제 이사 다니는 거 그만하고 집 짓고 아이들과 정착해서 살자고 남편을 설득했다. 남편 회사가 강남 쪽인데 통근버스를 이용하면 출퇴근하기도 편하고 택지지구라 기본적인 인프

바닥을 높여 심플하게 꾸민 부부 침실. 침실 입구에 별도의 드레스룸을 만들어 수납공간을 확보했기 때문에 침대 하나만으로도 충분하다. 공간을 차지하는 가구를 최소화하고 벽에 포인트를 주어 아담하면서도 아늑한 공간을 만들었다.

라가 갖춰져 있어 생활하기에 그만이라는 확신이 들었기 때문이다. 게다가 바로 뒤에 산도 있고 조금만 걸어가면 시립도서관과 공원, 차로 1분만 나가면 마트에 극장까지 지척이다.

"저도 처음엔 막연히 단독주택은 돈이 아주 많이 들 거라 생각해서 재벌이나 짓는 건 줄 알았어요. 그런데 구체적인 얘기를 들어보니까 아파트 살 돈에 어느 정도만 보태면 가능하겠더라고요. 사실 그때 아파트며 땅값이 떨어졌으니까 가능했지 그렇지 않았으면 꿈도 못 꿨을 거예요. 당시 제 나이가 서른세 살이었는데 무슨 돈이 얼마나 있겠어요. 대출 받고 있는 돈 다 끌어 모아서 일단 땅부터 마련한 거예요."

설계는 건축가에게, 시공은 직접 발로 뛰다

집 지을 돈을 어느 정도 모을 때까지 2년 가까이 땅을 비워두었다. 그 사이 윤상희 씨는 자신이 어떤 집에 살고 싶은지 깊이 고민하고 공부했다. 여러 집을 직접 눈으로 보면서 자신이 생각하는 집의 모습을 구체화하고 보다 저렴하게 시공할 수 있는 실질적인 방법을 알아가는 시간이었다.

"아무래도 집 짓는 비용이 부담이 되니까 땅콩집 형태로 지어서 한 채는 전세를 줄까도 생각해봤는데 접었어요. 나쁘지 않은 방법인데 어느 정도 안락함을 느낄 수 있는 규모였으면 좋겠다는 마음이 더 컸기 때문이에요. 그리고 사람마다 성향이 다른데 마당을 공유하며 사는 것이 저는 불편하겠더라고요. 우리 가족에겐 단독주택이 더 잘 맞을 것 같았어요."

고심 끝에 외콩집으로 마음을 정하고 설계는 건축가에게 의뢰하고 시공은 직접 챙기기로 했다. 막연하게 도면만 봐서는 가늠할 수 없는 공간감과 그 속에서의 일상을 상상하고, 그것을 건축가에게 소상하게 이야기하면 설계도로 다듬어졌다. 이렇게 수정에 수정을 거듭해 받은 도면이 20개나 되었다. 그 과정에서 땅에 꽉 차게 건물을 짓는 대신 마당을 넓게 하고 집의 크기를 줄였다. 마당엔 잔디보다 덱을 넓게 깔아 관리는 수월하게, 두 딸이 놀기는 편하게 만들었다. 땅콩집에 비하면 공간이 넓은 편이라 다락방은 만들지 않아도 충분했다.

설계가 완성된 후엔 윤상희 씨가 발 벗고 나섰다. 시공업체에 일괄적으로 맡기지 않고 공정마다 직접 업체를 수소문해 골조를 올리고, 벽지를 바르고, 싱크대를 설치하고, 가구도 실용성을 고려해 주문 제작했다. 그뿐만 아니라 현장에 상주하며 작업하는 분들과 함께 밥도 먹고 삼겹살에 소주잔 기울이며 집 짓는 과정을 충분히 즐겼다. 그래서인지 하자가 생겨도 왜 그런지 이해가 되고, 어떤 문제가 생겨도 당황하지 않고 나름의 해결 방법을 찾게 되었다. 공사 기간은 보통 1개월을 잡는 땅콩집보다 길어져 골조 공사에 2개월, 인테리어에 1개월이 걸렸지만 만족도는 높았다.

이렇게 완성된 집은 심플하고 내추럴한 인테리어가 돋보인다. 화이트를 기본컬러로 문과 천장 일부를 미송으로 마감해 편안한 느낌이다. 구조도 아파트와 다르다. 1층은 거실과 주방이 중심을 이루는데, 문 대신 바닥의 단 차이를 이용해 공간을 구분하고 게스트룸을 두었다. 2층은 복도를 가운데 두고 부부 침실과 아이들 공간이 마주 보고 있다. 특징적인 것은 방마다 드레스룸과 화장실을 만든 점이다. 특히 드레스룸은 다른 공간으로도 활용할 수 있을 정도로 여유 있게 확보해 답답하게 벽을 가리고 자리를 차지하는 장롱이 없어도 충분히 수납할 수 있다. 놀이방과 아이들 침실을 나란히 연결한 점도 눈에 띈다. 두 방 사이에는 집 모양 프레임을 설치하고 커튼을 달아 필요에 따라 합치기도 하고 나누기도 한다. 아이들이 성장하면 각각의 방으로 나누어줄 생각이란다. 이런 것들은 이 집에서의 일상을 아주 구체적으로 상상했기에 가능한 아이디어다. 또한 시공 과정에 주도적으로 참여했기 때문에 합리적인 가격과 원하는 퀄리티로 지을 수 있었다. 그 사이 키운 안목으로 큰돈 들이지 않고 센스 있게 집을 꾸미는 방법도 자연스럽게 알게 되었다.

"집을 지으면서 너무 재미있었는데 저희 집을 보고 이것저것 물어보는 경우가 많았어요. 남자들은 건축비를 궁금해하는데, 여자들은 인테리어에 관심이 많더라고요. 그러면서 인테리어를 맡기고 싶다는 의뢰가 들어와서 판교와 남양주에 짓고 있는 단독주택의 인테리어 작업을 하고 있어요."

자신의 집을 지으면서 터득한 노하우를 바탕으로 본격적인 인테리어 컨설팅을 시작한 것. 전업주부이던 그녀가 새로운 일을 갖게 된 것은 집을 통해 얻은 또 하나의 수확이다.

윤상희 주부의 혼자서 집 짓기 노하우

보통 시공업체에 골조부터 인테리어까지 맡기는 것과 달리 윤상희 씨는 시공업체에 골조 올리기만 의뢰하고 나머지 인테리어 공정은 직접 해당 업체와 작업자를 구해 진행했다. 덕분에 건축비를 절감할 수 있었다. 하지만 어설프게 시작했다가는 돈은 돈대로 들고 만족할 만한 결과를 얻지 못할 가능성이 높다. 당장 인테리어 디자이너에게 지불할 인건비는 줄어들지 몰라도, 자재 구입비에서 큰 차이가 나서 오히려 손해일 수도 있다. 쉽게 말하면 도매와 소매의 차이다. 전문가는 5000원에 사는 것을 소비자는 1만 원에 사게 된다는 것. 이런 경우가 하나 둘 모이면 전체 비용이 늘어날 수밖에 없다. 그래서 윤상희 씨는 가볍게 경험 삼아 덤비기보다 철저한 준비가 선행되어야 한다고 강조한다. 그녀는 1년간 전문 디자인 스쿨을 다니면서 취미 실용서가 아닌 전문 서적으로 공부하며 지식과 인맥을 넓혔다. 또한 건축 인테리어 박람회를 숱하게 돌며 트렌드를 익혔다. 그 결과 집 짓기의 모든 과정을 숙지함으로써 업체에 맡길 부분과 직접 작업자를 구해 진행할 부분을 명확히 하고, 현장에서 거의 살다시피 하면서 작업자들과 어울리며 세부적인 팁을 많이 얻었다. 집 짓기는 집 안 분위기 바꾸는 인테리어보다 훨씬 복잡하기 때문에 직접 진행 여부를 신중히 고려해야 한다.

돈에 집을 맞추기보다 내가 행복한 집을 고민하라

2010년 단독주택으로 이사 온 이후 윤상희 씨 가족은 별다른 불편함을 느끼지 않는다. 걱정했던 음식물 쓰레기는 봉투에 담아 문 앞에 내놓으면 정해진 요일에 수거해 가고, 주차도 집 앞에 바로 하면 되고, 관리비도 경비비나 일반 관리비 같은 것이 없어 평균적으로 보면 30평대 아파트와 비슷하다. 또 방범 문제 때문에 CCTV를 설치했는데 수시로 경찰 순찰차가 돌고, 설거지하다가도 창밖으로 이웃집이 보이니 도둑 걱정은 오히려 줄었단다. 이 집에 살면서 두 딸은 거침없이 집 안팎을 누비게 됐다. 저녁에 피아노를 맘껏 치고, 마당에서 자기 몸집만 한 강아지와 사정없이 뒹굴고, 여름에는 마당에 풀장을 놓고 피서를 즐긴다.

"9년 동안 아파트에 살면서 저는 놀이터에 나가는 것도 귀찮아했어요. 추워서, 비가 와서, 뭐가 어째서 이런 식으로 핑계를 대다 보면 못 나가는 거죠. 그런데 여기서는 내가 굳이 같이 가지 않아도 내 눈앞에서 노니까 안심도 되고 아이들도 맘껏 뛰니까 이런 경험들이 쌓이면 거침없고 맑은 아이로 자라겠다는 확신이 생겨요. 그래서 아이들이 마당을 충분히 누릴 수 있는 어린 나이일 때 마당 있는 집으로 옮기는 것이 좋을 것 같아요."

하지만 단독주택 붐에 휩쓸려 경솔하게 판단하지 말아야 한다고 강조한다. 무엇보다 무조건 돈에 맞춰 짓지는 말라는 것. 너무 작게 지으면 최소한의 안락함을 느낄 수 없어 오히려 상실감이나 박탈감을 느낄 수 있기 때문이다. 반대로 너무 커도 관리가 어려워 집에 치이기 십상이다. 더불어 예산의 함정에 빠지지 않아야 한다.

"사람들이 가장 궁금해하는 것이 건축비예요. 그런데 경험해보니까 평당 건축비가 300만 원이냐 400만 원이냐가 절대적으로 의미 있는 건 아니더라고요. 사람이 옷을 입을 때 보면 속옷도 입고 겉옷도 입고 화장도 해야 하잖아요. 단순히 겉옷 가격만 이야기하는 건 큰 의미가 없죠. 집에 대한 예산도 그 속에 들

2층에 마련한 두 딸의 침실. 집 모양 프레임 건너편은 놀이방이다.

2층 부부 침실 입구.

2층 아이들 침실과 나란히 놓인 놀이방.

아이들 방에 딸린 작은 화장실.

2층 부부 침실 옆 욕실. 이 집은 방마다 화장실과 드레스룸을 만든 것이 특징이다.

어가는 살림까지 고려해야 실질적인 금액이 나오는데 그걸 간과하고 껍데기만 얘기하는 거 보면 안타까워요. 건물만 덩그러니 짓는다고 다가 아니에요. 서두르지 말고 집에 대한 안목을 기르고 준비하면서 괜찮은 시공업체를 제대로 찾아서 짓는 것이 비용을 가장 절약할 수 있는 방법이에요."

예산에 맞추느라 기존의 생활권과 너무 멀어지는 것도 바람직하지는 않다. 집은 도시와 뚝 떨어져 있고 직장은 그대로 도시에 있다면 출퇴근하는 데 많은 에너지를 소모해야 하고, 편의시설이 제대로 갖춰지지 않아 불편하기 때문이다. 그녀 역시 남편 회사가 용인과 인접한 강남이 아니었다면 선뜻 오지 못했을 것이다. 윤상희 씨네 역시 아파트에 살 때나 지금이나 대출금이 있기는 마찬가지다. 한데 그 무게감이란 완전히 다르다. "아파트에 살 때는 언젠가 빨리 팔고 떠나야 할 집이라는 강박감이 컸던 게 사실이에요. 분명 내 소유의 집이긴 하나 내 집 같지 않고, 빚을 빨리 갚아야 한다는 조급함이 떨쳐지지 않았어요. 집이 낡으면 그것도 걱정이고요. 그런데 단독주택에서는 빚이 줄어든 건 아닌데 그런 불안감은 확실히 없어요. 내 땅이 있으니 집이 낡으면 다시 지으면 되고, 빚도 평생 살면서 갚으면 되지 뭐 이렇게 생각하니 마음이 가볍고 느긋해요."

윤상희 씨는 예쁜 집과 함께 일도 얻었다. 그리고 집을 향유하고 진짜 내 집에 사는 기쁨이 무엇인지 깨닫고 있다. 삶의 질이 높아진다는 것이 무엇인지 실감하고 있다.

1층 게스트룸. 안쪽에 화장실과 드레스룸이 있다.

마당에 덱을 깔고 어닝을 설치해 활용도를 높였다.

소파 대신 아이들이 자유롭게 활동할 수 있는 공간을 확보한 1층 거실.

박한승·윤상희 씨 집 구조 1층 (82.5㎡)

나무 패널과 선플렉스를 시공한 담장. 덕분에 도로에서 집이 훤히 들여다보이지 않는다.

나무의 편안함이 안정감을 주는 주방.

2층 부부 침실에서 바라본 아이들 공간.

자녀방 안쪽의 드레스룸.

2층 (82.5㎡)

드레스룸 / 욕실 / 계단 / 부부 침실 / 욕실 / 드레스룸 / 아이방 / 놀이방

자주 읽는 책은 코너에 따로 수납했다.

월 스티커로 센스를 발휘한 아이방 욕실.

적은 가구라도 외롭지 않은 전원마을의 단독주택

2억 2천 합리적
예산으로 지은

아주 괜찮은 단독주택

일산 풍동

이중재 · 최성미 씨네

건물 **52**평
대지 **120**평

가족 구성	4인(부부, 자녀 2명)
대지 면적	396m²
연면적	172m²(1층 73m², 2층 86m², 다락방 13m²)
형태	지상 2층 목구조+다락방
공간 구성	1층_ 작업실 겸 다목적 거실, 방, 화장실 2층_ 거실 겸 서재, 침실, 주방, 욕실 다락방, 마당
공사 범위	신축(집주인이 직접 설계, 시공, 인테리어)
입주 시기	2008년 대지 구입, 2010년 입주

집 안 어디서든 어린아이들을 살필 수 있도록 공간이 하나로 통하는
이중재·최성미 씨네 2층. 서재와 거실이
벽과 문으로 분리되지 않은 구조인데, 아이들이
자라면 벽을 세워 공간을 분리할 수도 있고
다른 공간으로 활용할 여지가 많은 집이다.

숲이 있고 논밭이 있고
아름다운 집들이 있다

도심에서 원하는 조건에 맞는 단독주택에 살고 싶지만 그건 아무래도 어렵다. 그럼 근교에서 찾아봐야 하는데 어차피 도시에서 벗어날 바에는 자연과 더불어 살고 싶다. 그렇다 해도 도시와 멀찌감치 떨어진 전원주택은 출퇴근 시간을 감당할 자신이 없어 망설여진다면? 도시와 전원 사이 중간 지점을 찾아보는 것도 대안이 될 수 있다. 누구나 아는 대단위 단지가 아니어도 서울로의 접근성이 좋은 작은 동네라면 부담이 적을 터. 이중재·최성미 씨가 사는 일산의 전원마을은 서울 용산에서 30분이면 당도하는 거리다. 야트막한 산자락에 30여 채의 예쁜 집들이 들어앉은 작은 마을 주변엔 논밭과 함께 평범한 시골 동네도 있고 큰 길 건너편엔 아파트 단지도 있다. 이 마을 집들은 높다란 담벼락이나 육중한 대문으로 경계를 만들지 않아 자연과 편안하게 어우러진다. 본래 예술인 마을로 조성되었던 곳이라 공방이나 작업실, 사진 스튜디오 등으로 사용하는 곳도 간간이 있고 동네 분위기도 전반적으로 차분하다. 무엇보다 낮고 아담한 산을 따라 조성된 마을은 숲을 끼고 있으면서도 도심과 가깝다는 것이 큰 매력. 서울 잠실에 살던 이들 부부가 이 마을을 선택한 이유다.

다락방 유리창을 통해 내려다보면 2층이 한눈에 보인다.

건축가 남편과 인테리어 스타일리스트 아내의 작업실 겸 상담 공간으로 꾸민 1층 거실. 언젠가 다른 재미있는 공간으로 활용할 것도 염두에 둔 공간이다.

도시와 전원 사이, 햇살 가득한 작은 숲 속 쌍둥이네

이중재 씨는 주택을 설계하고 시공해온 주택 건축 전문가이고, 최성미 씨는 인테리어 스타일리스트다. 집을 짓고 꾸미는 것이 업인 부부는 2008년 지인의 소개로 이곳을 알게 되었다. 오래전부터 주택에 살고 싶은 마음이야 굴뚝같았지만 그때까지도 구체적인 계획은 없었다고. 그런데 자연을 품고 있으면서도 서울과 가깝다는 점이 결정을 앞당겼다. 마을 내에 걸어서 갈 만한 편의시설은 없지만 자전거나 차를 타고 5분 정도만 나가면 대형 병원도 있고, 경의선 백마역과도 연결된다. 또 길 건너 아파트 근처에 가면 마트나 세탁소 등이 있어 약간 수고롭긴 해도 어린아이 키우며 생활하기에 큰 불편은 없을 거라고 판단했기 때문이다.

"땅을 구입하고 나니 건축비가 넉넉하지 않아 그때 살던 아파트 전세금으로 지어야 했어요. 처음엔 합리적인 비용으로 괜찮은 집을 지어서 경제적으로 넉넉지 않은 분들에게 용기를 줘보자 하는 마음으로 시작했는데 그게 만만하지가 않더라고요. 예산은 빠듯한데 자꾸 돈이 드니까 정신적인 스트레스가 말도 못했어요. 덕분에 일로서 다른 사람의 집을 지을 때는 미처 몰랐던 건축주의 심정이 이런 거구나 확실히 이해할 수 있었습니다."

그렇게 수없이 그리고 지우며 설계해서 지은 집은 대지 120평에 1층 22평, 2층 26평, 다락방 4평짜리 이층집이다. 두 사람이 원한 대로 작아도 넓어 보이는 집, 산의 북쪽에 위치했지만 햇살을 충분히 받아 밝은 집, 그리고 거실을 내려다볼 수 있는 작은 다락방이 있는 집은 외관도 내부도 군더더기 없이 단순하다. 화려한 인테리어 마감재 대신 전원마을이라는 배경을 충분히 고려해 지은 보금자리는 '숲 속의 집'이라는 타이틀이 무색하지 않을 만큼 자연과 차분하게 어우러졌다. 특히 마을 꼭대기인 데다 땅의 높이 차이가 많이 나는 지형을 효과적으로 활용해 각 층에서 땅을 밟을 수 있다는 점이 눈에 띈다. 도로와 연결되는 주차장 위에 덱을 깔아 앞마당을 만들었고, 2층 주방에서 문을 열면 집 뒤편 숲으로 연결되도록 했다. 그리고 다락방 문을 열고 나가면 2층 천장 위의 공간인데 이곳 역시 테라스로 만들어 집 안 어디서든 청량한 숲의 기운을 느낄 수 있다. 부부와 아직 세 살배기 쌍둥이 아이들이 생활하는 주요 공간은 넓은 거실과 주방, 방으로 이루어진 2층이다. 크고 작은 창이 많아 전망도 좋지만 사방에서 빛이 들어오는 구조여서 채광이 좋은 편이다. 원목을 사용해 서까래 느낌을 살린 경사진 천장의 맨 윗부분 남쪽에 측창을 내서 밝은 빛을 끌어들인 것도, 거실창과 마주 보는 주방문을 유리로 마감해 주방 창으로 들어오는 빛을 거실까지 깊숙이 닿도록 한 것도 모두 채광을 위한 선택이었다. 빛과 전망을 선택한 대신 겨울철엔 난방비가 좀 더 드는 것을 감수해야 하지만 다행히 심야전기보일러를 시공해 부담이 덜한 편이라고 한다.

최성미 씨가 가장 좋아하는 곳은 4평 남짓한 다락방이다. 네모난 수납박스를 지그재그로 연결한 계단을 따라 올라가면 사방에 창이 있는 작은 다락방이다. 거실이 훤히 내려다보이고 창밖에 나뭇가지가 바짝 붙어 있어 금세라도 손에 잡힐 듯한 숲 속의 작은 방을 연상시키는 곳이다.

"어딘가 꿈꾸고 사색하는 방을 만들고 싶었는데 그게 작은 다락방이면 좋겠다고 생각했어요. 지금은 아이들이 어려서 미루고 있지만 아이들과 함께 나란히 누워서 책도 보고 놀기도 하는 공간으로 쓰려고요."

아직은 아이들 돌보느라 버겁긴 하지만 두 아이를 유모차에 태워 집 뒤편 오솔길을 산책하는 것도 좋고 창문을 열었을 때 와 닿는 공기의 감촉도 만족스럽다. 종종 아파트에서는 경험하지 못한 재미있는 광경도 보게 된다.

"어떤 날은 꿩이 집 주변을 겅중대고 있고 얼마 전에는 딱따구리가 나무로 마감한 외관을 쪼아대서 자연스럽게 도트 무늬를 만들어 놨더라고요. 그런 일상들이 신선하고 재미있어요."

요리하다가 또는 식탁에 앉아 밥을 먹다가도 고개만 돌리면 창밖의 청량한 기운을 느낄 수 있다.

널찍한 아일랜드 작업대를 설치한 주방. 2층이지만 지형 특성상 주방으로 난 창을 열고 나가면 집 뒤편 숲을 밟을 수 있다.

주방에 유리 슬라이딩 도어를 설치해 개방감을 살린 2층 거실과 주방. 생활 공간인 2층은 전체적으로 크고 작은 창이 많아 전망이 좋고 사방에서 햇살이 들어오는 구조. 원목을 이용해 서까래 느낌을 살린 경사진 천장의 맨 윗부분에도 측창을 내서 빛을 충분히 받아들이도록 설계했다.

즐거운 인생을 '궁리'하는 집

이 집은 1층과 2층 모두 간결하게 통합된 구조다. 부부의 작업실 겸 상담 공간으로 사용할 예정인 1층은 방이 하나뿐이다. 두 아이와 생활하는 2층도 벽과 문으로 구분되는 공간은 안방뿐이고 거실, 서재, 주방은 하나로 통한다. 대신 소파와 책상 같은 가구를 적소에 배치해 공간을 나누었다. 주방에도 유리 슬라이딩 도어를 설치해 거실과 자연스럽게 연결되기도 하고 구분되기도 한다. 아직은 아이들이 어려 손이 많이 가기 때문에 집 안 어디서든 고개만 들면 시야에 바로 들어오는 지금의 구조가 이들에겐 잘 맞는다. 하지만 아이들이 자라고 지금과는 또 다른 활용 계획이 서면 공간 배치는 얼마든지 달라질 수 있다. 1층 홀과 2층 거실에 벽을 세우면 방을 만들 수도 있고 서재와 거실을 별도로 독립시킬 수도 있다. 여백이 많은 만큼 뭔가 집 외에 다른 재미있는 공간으로 변신할 가능성도 다분하다.

"처음에 집터를 보면서 집도 좋지만 살다가 카페를 해도 좋겠다, 마을 도서관이나 문화 공간으로 만들어도 괜찮겠다, 이런 식으로 재미있는 아이디어가 떠올랐어요. 남편도 문화 사업을 하는 것이 꿈이라 집을 다양하게 활용할 계획을 세워보기도 했고요. 그런 생각들을 담고 싶었어요. 당장은 막연하고 실천하기 어렵더라도 언젠가 기회가 되면 할 수도 있는 일이니까 가능성은 열어두고 싶었거든요. 그래서 집을 설계할 때 정한 중요한 원칙 중 하나가 공간에 가변성의 여지를 충분히 두자는 것이었어요."

벽이나 문을 많이 만들지 않은 것도, 각 층에 방이 하나뿐인 이유도 그 때문인 듯하다. 덱이 넓게 깔린 1층 앞마당도 지금은 두 아이의 놀이터지만 테이블과 파라솔을 펼치면 야외 카페로도 그만일 것 같다. 1층 작업실 벽에 책을 가득 꽂아두면 푸근한 동네 도서관이 될 수도 있겠다. 단독주택이기에 가능한 발상이고 그런 자유로운 상상이 풍부해질 때 집은 집 이상의 무엇이 될 것이다. 삶

1층에서 2층으로 올라가는 계단.

계단 위 공간이 다락방이다.

수납박스로 계단을 만들어 다락방을 오르내리도록 했다.

2층 서재. 벽면에 원목 선반을 만들었다.

을 담는 정직한 그릇이 되기도 하고, 꿈을 꾸고 실현하는 토대가 될 수도 있음은 물론이다. 건축가 남편과 스타일리스트 아내의 호흡으로 완성된 집은 화려한 장식으로 시선을 현혹하는 집이 아니라, 즐거운 인생을 설계할 수 있는 다양한 가능성을 품은 집이다. 더불어 합리적인 가격으로 집을 지을 수 있겠다는 용기를 준 집이다. 실제로 이 집을 보고 집을 지어달라는 요청을 받아 '집을 그리다(www.drawinghome.co.kr)'라는 이름으로 부부가 합심해 집 짓는 일도 시작했다. 이들처럼 집을 통해 삶에 즐거움을 주는 이런저런 궁리를 할 수 있다면, 그곳이 바로 '즐거운 나의 집' 스위트 홈'이 아닐까 생각해본다.

이중재·최성미 씨 집 구조 1층 (73㎡)

숲을 바라보며 요리할 수 있는 주방.

다락으로 오르는 계단.

아이들과 함께 꿈꾸고 사색하려고 만든 4평 남짓한 다락방.

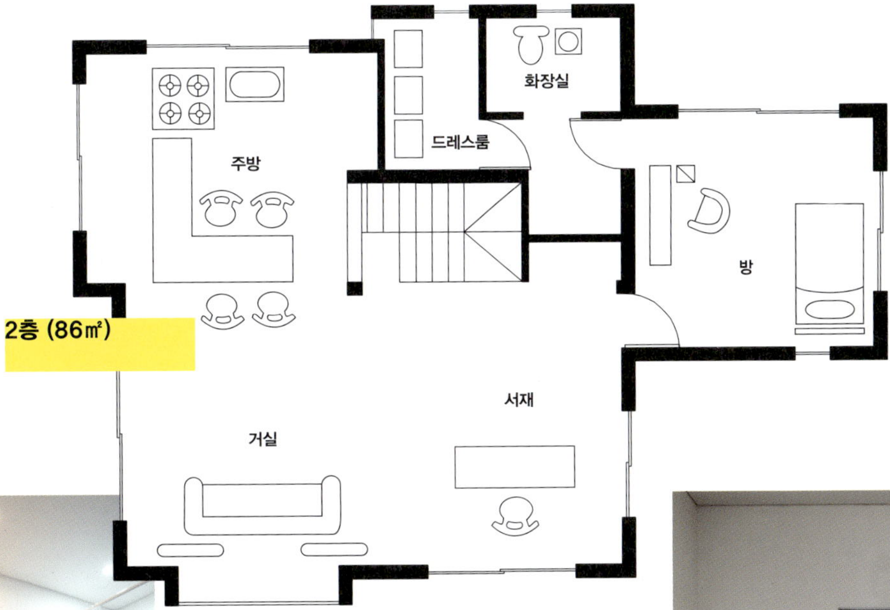

2층 (86㎡)

부부 침실 옆 욕실.

창밖 풍경이 액자처럼 보이는 부부 침실.

집주인이 직접 설계하고 지은 집

로망과
현실을 동시에
만족시킨

도시
생활형
전원
주택

경기도 광주시

최원준·김수진 씨네

건물 **65** 평
대지 **250** 평

가족 구성	4인(부부, 자녀 2명)
대지 면적	825m²
연면적	214m²(1층 122m², 2층 92m²)
형태	지상 2층 철근콘크리트 구조
공간 구성	1층_ 거실, 주방, 방 2개(부부 침실, 자녀방), 화장실
	2층_ A/V룸, 서재, 욕실
	외부 공간_ 마당
공사 범위	신축(집주인이 직접 설계, 시공, 인테리어)
입주 시기	2007년 대지 구입, 2009년 입주

2층까지 시원스럽게 뚫린 거실은 집 한가운데가 아닌 한쪽 끝에 자리하고 있다. 가족 간에도 프라이버시를 염두에 두고 설계해 모든 공간이 거실로 통하는 아파트와는 확연히 다른 구조다. 또한 마당으로 통하는 창의 문턱을 낮춰 부담 없이 드나들도록 했다.

내가 꿈꾸는 대로,
내가 원하는 그림을 그리다

전원주택이라고 하면 텃밭이나 가꾸며 유유자적한 노후 생활을 누리는 집, 혹은 세컨드 주택인 경우가 많았다. 그래서인지 그림 같은 집으로 대변되는 전원주택은 일반적인 단독주택과는 약간의 거리감이 느껴지기도 한다. 그런데 요즘은 다르다. 아이를 자연 속에서 키우고 싶어서, 혹은 삶의 속도를 조절하고 싶어서 편리하긴 하나 숨 막히는 도시 생활을 접고 전원행을 택하는 젊은 사람이 적지 않기 때문. 바야흐로 생활형 전원주택이 각광받는 시대다. 그런 점에서 최원준·김수진 씨의 집은 전원주택에 대한 로망과 현실을 동시에 만족시키는 집이라 할 수 있다. 잔디 깔린 넓은 마당에 어릴 적 누구나 한 번쯤 꿈꿔봤을 그네가 바람에 살랑살랑 흔들리는 풍경을 품은 집은 규격화된 듯 비슷비슷한 여느 전원주택과 달리 개성 있는 외관과 인테리어가 돋보인다. 그러면서도 가족이 필요로 하는 것을 반영해 생활하기 편리한 실속 있는 집이다. 더구나 제법 근사해 보이는 집을 건축가도 아닌 집주인이 직접 설계하고 지었다는, 그래서 비용을 절약할 수 있었다는 이야기에 귀가 쫑긋해진다. 집 한 번 지으면 10년 늙는다는 쉽지 않은 프로젝트에, 그것도 건축에 관한 한 문외한이었던 사람이 겁도 없이 뛰어든 이유가 궁금해진다.

아내의 바람대로 수납공간을 충분히 만들고 환기를 위해 널찍한 창을 낸 주방. 상부장을 설치하지 않아 한결 쾌적하다. 왼쪽 수납장 뒤편에는 세탁실을 겸하는 보조주방이 있다.

2층으로 오르는 계단.

2층에서 내려다본 거실.

주방 앞 벽에 시공한 꽃 그림은 기성품 벽지가 아니라 최원준 씨가 직접 디자인해 프린팅한 것이다.

계단을 경계로 1층은 침실과 거실, 주방이 있는 일상생활 공간, 2층은 서재와 영화감상실이 있는 여가 공간으로 나뉜다.

집 구경이 취미인 부부의 겁 없는 도전

경기도 광주 시내를 지나 몇 분만 달리면 어느새 논이고 밭이다. 경치 감상하느라 잠시 한눈이라도 팔면 순식간에 마을 입구를 지나치기 일쑤인 좁은 언덕길을 따라 올라가면 주변 집들과는 어딘지 달라 보이는 이층집이 눈에 띈다. 최원준 씨 가족은 2009년 이곳으로 이사 오기 전까지 광주 시내 30평대 아파트에서 살았다. 둘째가 태어나기 전이라 세 식구 살기에 좁은 집은 아니었는데도 왠지 복잡하고, 어느 한 곳이라도 비워두고 싶은데 모든 공간이 거실로 통하다 보니 자기만의 공간 하나 갖기가 어려운 것이 내내 아쉬웠다고 한다.

이들은 주말이면 나들이 삼아 주변의 전원주택이나 타운하우스 같은 예쁘고 좋은 집을 구경하러 다니면서 집에 대한 꿈을 키웠다. 또 싱크대와 붙박이장 설치 관련 일을 하던 동생으로부터 다양한 이야기를 들으면서 집에 대한 동경이 날로 커졌다. 그러던 차에 형제가 의기투합, 한 동네에 앞집 뒷집을 지어 살아보자는 결심을 하기에 이른다. 대개의 수도권 도시가 그렇듯 시내와 외곽 사이가 가까워 전원주택 단지라고는 해도 거리상 부담이 크지 않았고, 그랬기에 가능한 일이기도 했다.

살던 아파트를 처분해 전원주택 단지로 부지가 조성된 땅은 구했는데 이제 어떻게 지을까가 큰 과제였다.

"건축업자에게 맡기자니 몇 가지 정해진 표준도면 중에 골라야 하는데 그건 싫었어요. 그렇다고 정식으로 건축가에게 의뢰하자니 훨씬 많은 돈이 들고요. 대출을 받는다 해도 빠듯한 예산에 그것도 부담스러웠어요. 그러다 궁리 끝에 내가 해보자가 된 거예요."

비용도 비용이지만 획일적으로 디자인된 집을 고르기 싫었고 내가 살 집, 내가 주도적으로 고민하고 짓고 싶은 마음이 가장 컸다. 어쩌면 아파트에서 느꼈던 갈증을 속 시원히 해소하고 싶은 마음이 앞섰는지도 모른다. 그래서 걱정과 두

려움보다는 멋진 집을 지을 수 있다는 기대에 설레고, 또 행복했다고 한다.

그래픽 디자이너이긴 하지만 최원준 씨는 건축 설계 프로그램은 한 번도 다뤄본 적 없는 생짜 초보였다. 설계 프로그램을 설치하는 방법부터 면적 계산하는 법까지 인터넷 검색을 통해 하나하나 해결해나갔다. 동생과 함께 까만 컴퓨터 모니터에 점, 선을 그리는 것으로 시작해 기본적인 평면도를 완성한 다음엔 3D 프로그램을 배워 입체적인 조감도까지 그렸다. 일과 병행하느라 설계하는 데만 꼬박 1년이 걸렸다. 그 과정에서 건축 박람회며 국내외 인테리어 잡지 등을 섭렵해 자료를 얻고, 도면상의 면적을 실제로 가늠하기 위해 전원주택 현장에 몰래 들어가 줄자로 직접 재보고 수정하면서 시행착오를 줄여나갔다.

본격적인 시공에 돌입해서도 맨땅에 헤딩하기는 마찬가지. 단열재 샘플을 구해 라이터로 불을 붙여 단열 효과를 실험하고 직접 회사를 찾아가 테스트를 의뢰하는가 하면, 2층 영화감상실에 방음벽을 칠할 땐 마스크를 쓰지 않아 며칠 동안 검은 침이 나오기도 했다. 또 웬만한 것은 직접 시공하다 보니 살짝 부족하고 아쉬운 부분이 있는 것도 사실이다. 아내의 키에 비해 주방 창문의 위치가 높다거나 실리콘이 고르지 않은 곳도 있지만 자신의 손이 닿았기 때문에 애착이 간다. 가족 홈페이지 '윤서넷(www.yunseo.net)'에는 설계부터 시공까지 일련의 과정이 고스란히 담겨 있다. 사진을 클릭하다 보면 그저 시각적으로 멋진 집을 위해서가 아니라, 가족에게 의미 있는 공간을 만들기 위해 고군분투하며 두 발로 뛴 흔적들이 묻어난다. 그런 노력 덕분에 공사비는 줄고 노하우는 쌓여 서울의 30평대 아파트 값으로 그보다 훨씬 넓은 250평 대지에 65평의 이층집을 지을 수 있었다. 그러니 똑같은 구조의 아파트를 두고 남향인지, 로열층인지, 값이 얼마나 오를지만 따져 고른 집과 달리 애착이 가는 것은 당연하다.

남편이 직접 디자인한 벽지로 포인트를 준 1층의 아이들 방.

현관에서 보면 가장 안쪽에 자리한 부부 침실. 거실, 주방과 멀찌감치 떨어져 있으면서 마당으로는 바로 통한다.

극장 부럽지 않은 영화감상실이 있고, 문턱을 낮춘 마당이 있는 집

잔디가 곱게 깔린 넓은 마당에 앞산을 바라보고 앉은 집은 복도가 긴 ㄴ자 구조다. 현관에 들어서면 양쪽으로 거실과 널찍한 주방이 자리하고, 아이방에서 복도를 따라가면 맨 끝이 안방이다. 거실이 중심이 되는 집이 아니라 거실이 한쪽 끝에 자리한다. 가족 간에도 프라이버시를 존중할 수 있는 집이었으면 좋겠다는 바람이 반영된 결과다. 그래서 안방에서 거실까지 오려면 복도를 따라 아이방을 지나야 하는, 아파트와는 확연히 다른 동선이다. 그리고 1층의 모든 공간은 마당을 향해 통창을 내고 문턱을 낮춰 무시로 드나들 수 있게 했다. 2층 역시 가운데 복도를 중심으로 서재와 영화감상실이 멀찌감치 떨어져 마주 보고 있다. 특히 대형 스크린에 방음벽과 암막 커튼까지 갖춘 영화감상실은 영화 마니아인 최원준 씨를 위해 과감히 투자한 공간이다.

"볼륨을 높이고 영화 보는 걸 굉장히 좋아하는데 아파트에 살 때는 거실에 홈시어터가 있었어요. 한밤중에 영화가 보고 싶을 때는 아랫집 눈치 보랴, 안방에서 자는 아내 눈치 보랴 보면서도 마음이 편치 않았어요. 이제는 새벽에도 볼륨을 한껏 높이고 실감나는 영상과 음향을 마음 놓고 즐길 수 있어서 좋아요."

아파트에 살면서 가장 아쉬웠던 독립된 공간을 갖게 된 것은 이 집에서 누리는 크나큰 기쁨이다. 마당 덕분에 아이들과 노는 것도 더 이상 숙제처럼 느껴지지 않는다.

"그런데 아파트에서 살다 온 큰아이는 마당에 적응하는 데 시간이 좀 걸렸어요. 아파트에서는 마당이 없고 잔디를 밟고 놀아보지 않았으니까 이거 밟아도 되나 싶어서 선뜻 나가지 못했던 거예요. 반면에 이 집에서 태어난 둘째는 비 오면 마당에서 빗물 받아 세수하고 옷 적시고 발바닥에 잔가시가 박혀도 아랑곳하지 않고 맨발로 막 뛰어다니며 놀아요."

여유를 가지고 상식대로 짓는 것이 지름길이다

실패하면 해체해서 다시 만들면 그만인 DIY 소품이 아니기에 아마추어가 취미 삼아 나서기엔 결코 녹록지 않은 것이 집 짓는 일이다. 설계 기간 1년, 공사 기간 6개월에 걸쳐 집이 완성되기까지 수많은 공정만큼이나 어려움도 많았을 것이다.

"막연하게 생각하면 당연히 골치 아프고 어렵죠. 그런데 상식 선에서 생각하고 설계도면대로만 지으면 준공허가 받는 데도 큰 문제는 없어요. 가장 중요한 건 여유를 가지는 겁니다. 너무 조급하게 생각하면 설계도 시공도 무리수를 두게 되고 금전적 시간적 손실이 커지니까요. 그리고 주택에서는 단열과 함께 방수, 배수, 온수, 급수 문제를 잘 해결하는 게 중요하다는 것을 살면서 느낍니다. 한 번 해보니까 다시 짓고 싶은 마음이 생깁니다. 그땐 한 2년 정도 시간을 잡고 지금 집에서 아쉬웠던 부분을 보완해 더 만족스러운 집을 지을 수 있을 것 같아요."

인테리어도 최원준 씨가 공들인 흔적이 역력하다. 1층 주방 앞 벽에 시공한 대형 꽃 그림의 포인트 벽지며 서재와 아이방 벽지도 그가 직접 디자인해 프린트한 것이다. 집안 곳곳에 걸려 있는 세계적인 명화도 사실은 원본 사이즈로 프린트하거나 일러스트 프로그램을 이용해 원본과 똑같이 모사한 것이다. 모두가 그의 손을 거친 또 하나의 '작품'이나 진배없다. 또 하나 눈에 띄는 것은 전원주택의 상징처럼 통하는 벽난로. 흔히 벽난로는 눈요깃거리 사치품처럼 여겨지는데 적어도 이 집에서는 겨울철 필수품이다.

"벽난로 가격이 비싸서 처음엔 이걸 설치해야 하나 고민을 많이 했어요. 그런데 겨울에는 이 벽난로 덕분에 실내 온도가 5도는 높아져요. 장작 30만 원어치 사두면 겨우내 쓰니까 경제적이고요. 보일러만 틀어서 5도 높이려면 그보다 훨씬 많이 나올 거예요. 겨울에 이거 없었으면 어쩔 뻔 했나 싶을 만큼 아주 고마운 월동 장비예요."

비가 오면 비가 와서, 바람 불고 눈이 오면 또 그런대로 걱정하고 보살펴야 하는 것이 주택이다. 이제 부부는 집에 관한 한 웬만한 것은 직접 만들고 관리하는 데도 익숙하다. 마당의 잔디도 남의 손 빌리지 않고 부부가 일일이 돌 고르고 줄 맞춰서 흙 엎어가며 꼬박 3일 동안 깔았다. 아파트에서는 지저분해진다는 이유로 화초 하나 키우지 않았는데 지금은 꽃도 심고 화분 케이스도 만들고, 비어 있는 이웃 땅엔 방울토마토를 심어 가꾼다. 어딘가 고장이 나면 관리실 대신 남편이 연장으로 뚝딱뚝딱 수선한다. 따라서 전동 공구함은 가정상비약처럼 단독주택에서 없어서는 안 될 필수품 1호다. 그만큼 할 일도 많지만 한꺼번에 해치우겠다는 욕심을 버리면 일이 아닌 일상이 된다. 물론 소소하게 불편한 점도 있다. 멀진 않지만 아이가 학교까지 차를 타고 다녀야 하고 동네에 또래 아이들이 없다는 것, 매일은 아니지만 엘리베이터가 없어 대문에서 현관까지 계단을 오르며 장바구니 나르는 것도 편치는 않다. 하지만 충분히 예상했던 바이고, 무엇보다 이 집을 지으면서 꿈꾸고 그리던 생활을 실현했기 때문에 문제 될 만한 것은 아니다.

"솔직히 말하면 아파트보다 좋은 것이 55라면 불편한 것도 45정도는 돼요. 모든 것이 100% 충족되는 집이 얼마나 있을까요. 얻는 것이 있으면 포기할 것도 있는 게 당연하죠. 자연을 벗 삼아 층간소음 걱정 없이 아이들이 스트레스 없이 놀 수 있고 나만의 공간이 있다는 것이 가장 큰 만족이에요. 아침 일찍 일어나 커피 한 잔 들고 마당에 앉아 있으면 왜 풍욕이 좋다고 하는지도 알 것 같아요. 이렇게 우리 가족이 저마다의 공간을 누리는 지금 생활을 그때의 편리함과 바꾸고 싶은 마음은 없어요."

집에 '라르마'라는 이름도 붙였다. 집 모양이 총처럼 생겼다 해서 이탈리아어로 '총'이라는 뜻이기도 하고 중국에서는 신선이 사는 초원지대를 이르는 지명이다. 자연 속에서 한가로이 일상을 보내는 이 가족에게 꼭 맞는 이름이지 싶다.

영화 마니아인 최원준 씨가 과감히 투자한 2층 영화감상실. 아랫집 눈치 보지 않고 맘껏 볼륨을 높이고 취미 생활을 만끽할 수 있는 것도 단독주택에서 누리는 기쁨이다.

거실 한켠에 설치한 벽난로는 요긴한 월동장비다.

계단 아래 공간에 마련한 작은 화장실.

최원준·김수진 씨 집 구조 1층 (122㎡)

1층 주방에서 복도를 바라본 모습.

계단은 때때로 아이들의 놀이터가 된다.

2층의 공용 욕실.

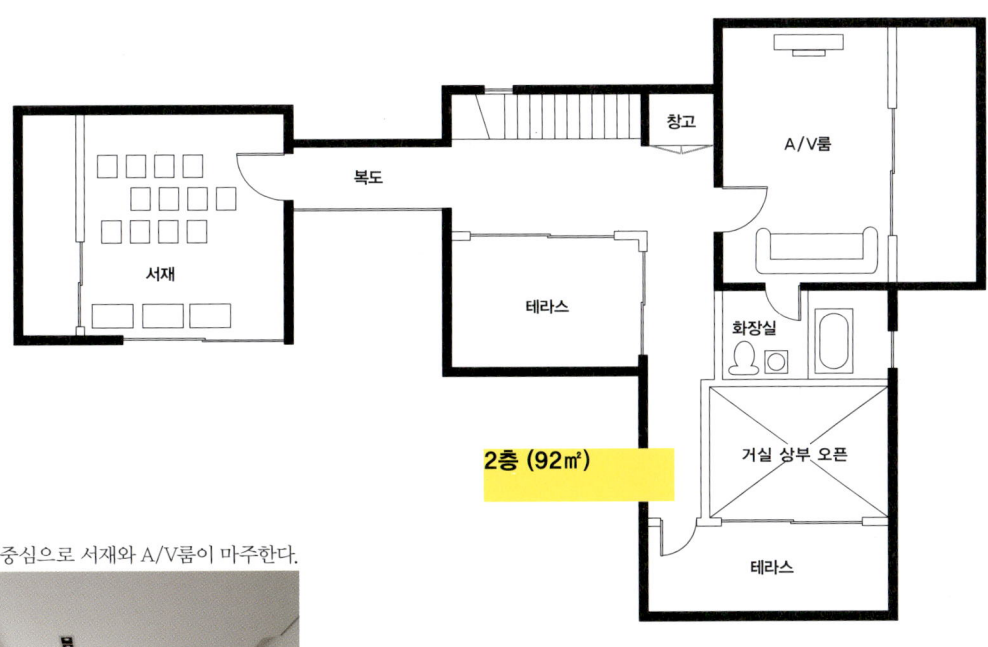

2층 (92㎡)

2층은 복도를 중심으로 서재와 A/V룸이 마주한다.

조각 타일에 방 이름을 새겨 넣은 것도 남편의 솜씨다.

집, 일터를 품다! 집을 카페로

주인장과 손님들의
'보물찾기'

공간의 스토리텔링화

서울 서교동　　　　　김효정 씨네

건물 **70** 평
대지 **80** 평

용도	카페
대지 면적	264m²
연면적	231m²(1층 132m², 2층 99m²)
형태	지상 2층 조적식 구조
공간 구성	1층_ 메인 홀, 주방, 사무실, 화장실, 룸 2개 2층_ 좌식 공간, 단체룸, 홀, 화장실, 테라스 외부 공간_ 마당
오픈 시기	2011년
위치	서울시 마포구 서교동 332-32
영업 시간	오전 11시~오후 11시
홈페이지	www.bamsamkinbyul.com

유리문을 달아 독립성을 확보한 2층 단체룸. 낮은 천장과 옛날 창문을 그대로 살려 다락방 분위기가 나기도 한다. 벽면은 주인장이 직접 찍은 감성적인 사진으로 장식했다.

있어야 할 것
다 있고 없을 건 없는
빨간 벽돌집
'마켓밤삼킨별'

단독주택은 상업 공간으로도 인기 급상승 중이다. 상업 공간이라고 하면 어느 정도 상권이 형성된 큰길가를 선호하지만, 그곳이 단독주택을 개조한 가게라면 얘기가 달라질 수도 있다. 복잡한 홍대 거리의 뒷골목 주택가에 자리한 카페 '마켓밤삼킨별' 주위는 주택과 빌라가 둘러싸고 있다. 번화하기로 치면 둘째가라면 서러울 홍대 앞이지만 이 골목은 아직까지는 상업 공간이 많이 치고 들어오지 않아 비교적 조용한 편이다. 몇 십 년 된 감나무와 모과나무가 넉넉하게 감싸 안은 빨간 벽돌집은 밥과 차뿐만 아니라 무엇이든 사고파는 재미있는 마켓을 콘셉트로 한 카페다. 얌전히 자리에 앉아 주문한 음식만 먹고 나가는 곳이 아니라 마당에서 홀로, 방으로, 1층에서 2층으로 오르락내리락 하며 소소한 즐거움을 만끽하는 공간이다. 골목을 몇 개나 돌아 들어가야 하는데도 일부러 찾아오는 단골이 많은 걸 보면 상권보다 중요한 건 바로 공간의 콘셉트. 그런 의미에서 단독주택은 편안하면서도 독특한 색깔을 담은 공간으로 활용하기에 다양한 가능성을 품고 있다.

마당으로 자연스럽게 오픈된 카페 내부.

카페 1층 메인 홀에는 테이블을 널찍하게 배치했다. 메인 홀과 한켠에 마련된 '마켓'.
마켓이라 불리는 공간은 카페 주인장이 출간한 책과 포토 다이어리, 각종 문구를 구경하고 살 수 있는 곳이다.

오래된 주택에선 시간의 흔적이 인테리어

이곳은 '밤삼킨별'이라는 닉네임으로 알려진 김효정 씨가 운영하는 카페다. 수년간 잡지 〈PAPER〉에 손글씨 엽서를 연재하고 있는 그녀는 감성적인 사진과 예쁜 손글씨로 포토 다이어리를 만들고 책을 낸 작가다. 삐뚤빼뚤하지만 정감 있는 글씨로 쓴 짧은 글은 누구나 공감할 수 있는 따뜻한 감성과 소소한 일상의 이야기에 귀 기울이게 한다. 숨 쉬며 살아가는 일상의 시간을 좋아하는 주인장의 성향은 공간에도 이입되었다.

"카페를 위한 카페보다는 저나 손님이나 편안한 일상이 함께하는 곳이면 좋겠다는 생각을 했어요. 주택가로 들어온 것도, 마당 있는 집을 원했던 것도 그래서였어요. 세련된 것보다는 아날로그한 정서를 불어넣고 싶었거든요."

햇살 잘 드는 마당 있는 이층집은 그녀가 임차하기 전에 이미 카페와 스튜디오로 사용됐던 곳. 그렇다 해도 빨간 벽돌집의 외관과 마당의 감나무며 모과나무 등은 변함이 없어 주택의 느낌은 여전히 많이 남아 있다. 그 옛날 낯선 사람

화단으로 연결되는 카페 출입구.

대문에서 마당으로 이어지는 통로 바닥에 인조 잔디를 깔았다.

이 담을 넘어오지 못하도록 담벼락에 뾰족하게 세워놓은 방범살도 그대로고, 다소 촌스러워 보이는 낡은 방범창도 하얗게 칠해 그대로 사용한다. 2층으로 오르는 좁고 낡은 나무 계단도 바꾸지 않았다. 오래된 주택에서는 군데군데 남아 있는 시간의 흔적만큼 자연스럽고 멋스러운 인테리어는 없는 듯하다.

다만 너무 삭막해 보이는 곳은 생기 있게 변화시켰다. 입구부터 달라졌다. 우중충했던 시멘트 바닥에 푸릇푸릇한 인조잔디를 깔고 너무 무거워 보였던 대문도 초록색으로 바꿨더니 마당의 키 큰 나무와도 자연스럽게 어우러진다. 마당 일부에 덱을 깔고 테이블을 놓아 활용 공간을 넓혔다. 2층에는 가벽을 세워 단체 룸으로 이용하고 원래 거실이었던 자리는 바닥을 높여 아늑한 다락방 분위기의 좌식 공간을 만들었다. 위 아래층 모두 마당과 테라스로 통하는 문과 창이 많은 것도 장점이다. 1, 2층을 합쳐 70평 정도지만 마당이며 2층 테라스까지 안팎으로 자유롭게 드나들 수 있어 실제 사용 공간은 그보다 훨씬 넓다. 마당 있는 집의 장점이다.

1층에서 2층으로 오르는 낡은 나무 계단.   마당의 야외 테이블.

이곳의 고객이기도 한 일러스트 작가들이 그린 작품이
소품처럼 자리하고 있는 2층 창가 자리.
바로 옆으로 나가면 테라스다.

주인장이 오랫동안 수집한 부엉이 인형과 직접 읽고
좋았던 책들을 컬렉션한 1층의 '부엉이방'.
이곳 역시 마당으로 오픈되어 있다.

홍대 앞 화개장터를 꿈꾸는 빨간 벽돌집

공간이 자연스럽게 나뉘는 주택의 특징을 효과적으로 활용한 아이디어도 돋보인다. 특히 2층의 경우 다양한 행사를 진행하기 좋은 다목적 문화 공간으로 그만이다. 좌식 공간에서 낮잠 프로젝트라는 이색 이벤트를 하는가 하면 작가와의 만남이 열리기도 한다. 때론 하얀 천장을 스크린 삼아 영화를 상영하고, 인디 밴드의 작은 콘서트가 열리기도 하니 공간 활용 면에서 일반 상가 건물에 비할 바가 아니다.

'마켓'이라 불리는 1층의 한쪽 방은 말 그대로 물건을 살 수 있는 공간. 카페 주인장이 출간한 책과 포토 다이어리, 각종 스탬프와 문구류가 그득한데 카페에 오는 사람 누구나 자유롭게 구경하고 구입할 수 있다. 여기엔 칸칸 우체통과 100칸짜리 서랍도 있다. 서랍장은 손님에게 무료로 분양하는데 여기에 자신만의 이야기를 담은 무언가를 넣어두면 아무나 열어보고 의견을 남기며 소통할 수 있어 인기라고. 소설가 지망생이 쓴 소설을 넣어두면 그것을 읽은 사람들이 의견을 남긴다거나, 환경조각가가 노트에 그림을 그려서 이 서랍에 넣어두면 사람들이 자유롭게 열어서 보고 소감을 적는다거나 하는 식이다. 반대편에 '부엉이방'이라 불리는 곳은 주인장이 10년 동안 여행하면서 사 모은 부엉이 소품과 책들을 컬렉션한 곳. 책들 역시 한꺼번에 구입해 전시한 것이 아니라 주인장이 실제로 읽고 좋았던 것만 옮겨놓았다. 구경거리는 그뿐이 아니다. 곳곳을 장식하고 있는 소품들, 창가에 걸린 일러스트 작품, 그리고 주인장이 쓴 손글씨 메모와 직접 찍은 사진들이 벽면을 장식하고 있다. 비싼 인테리어 소품보다 일상적인 것들이 오래된 이 집과 썩 잘 어울린다. '보물찾기'라는 공간 콘셉트처럼 구석구석 다가가 만져보고 열어보고 읽어보는 재미가 쏠쏠하다. 손님이 원하면 카페에 진열된 소품도 구입할 수 있다 하니 카페 이름처럼 여기 있는 모든 것을 사고 팔 수 있는 마켓인 것. 하지만 주인장은 물건보다도 사람들의 관계가 넓어지는 마켓이 되었으면 하는 바람이 더 크다.

"홍대 앞 상업 공간은 이미 포화 상태라고들 하죠. 단순히 종류나 수적으로 보면 많을지 몰라도 제가 보기엔 없는 것도 많아요. 장사도 중요하지만 이곳을 있어야 할 건 다 있고 없을 건 없는 홍대의 화개장터로 만들고 싶어요."

숨바꼭질하듯 위아래, 안팎으로 돌아다니며 구경할 것 많은 카페를 보면서 나도 이런 카페 하나 하고 싶다는 사람도 적지 않을 터. 김효정 씨는 막연한 동경보다 왜 주택이어야 하는지에 대한 분명한 이유와 마인드가 있어야 한다고 말한다. 그것이 확실하면 인테리어는 물론 공간의 스토리텔링을 만들기에도 주택은 무척이나 매력적인 곳이다.

고객이 원하면 일러스트 작품도 구입 가능하다.

2층 메인 홀.

격자창이 편안해 보이는 1층 창가.

주방 앞에 계산대와 쇼 케이스를 배치했다.

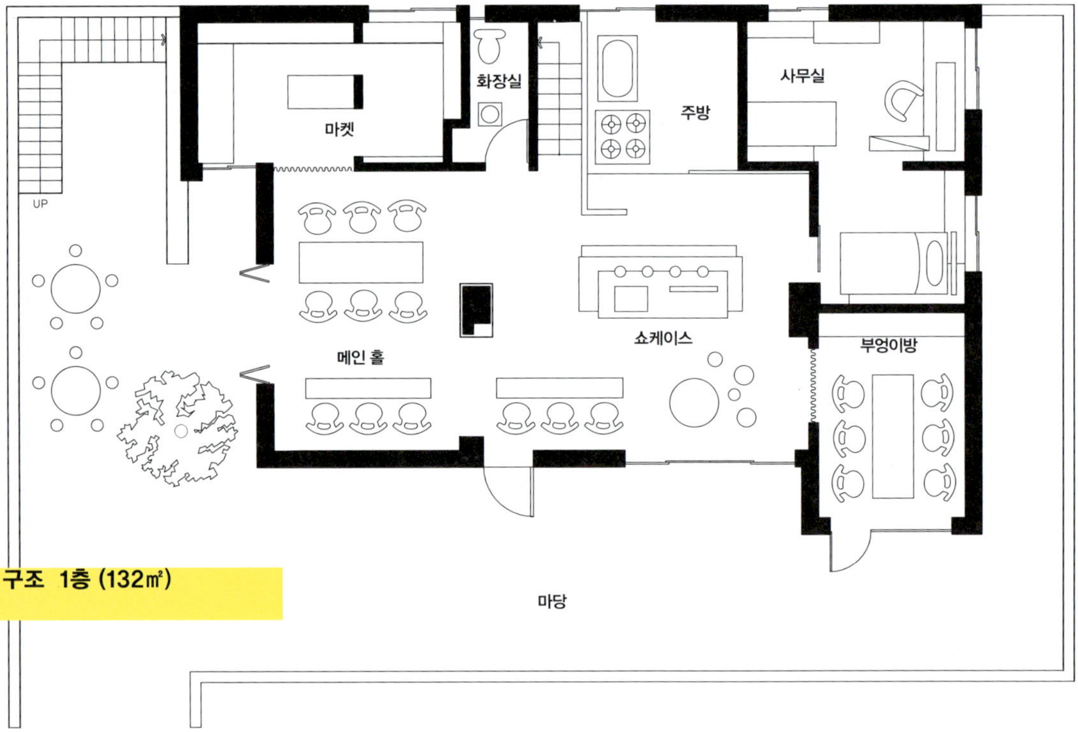

마켓밤삼킨별 구조 1층 (132㎡)

마켓 / 화장실 / 주방 / 사무실 / 메인 홀 / 쇼케이스 / 부엉이방 / 마당

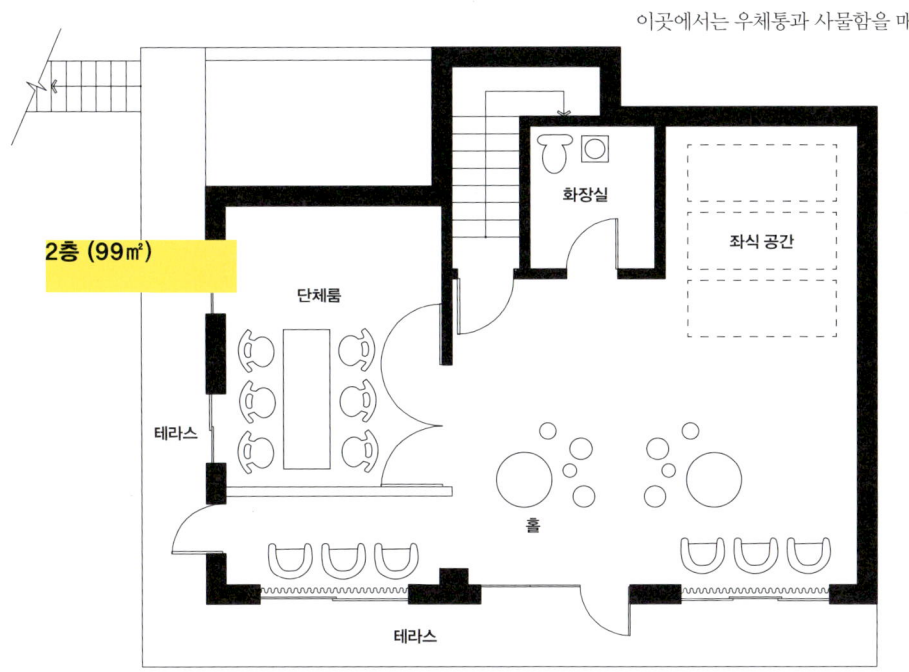

이곳에서는 우체통과 사물함을 매개로 의미 있는 소통을 시도한다.

2층 (99㎡)

카페에 있는 모든 소품은 자유롭게 볼 수 있고 구입도 가능하다.

2층의 좌식 공간은 다양한 이벤트가 열리는 문화 공간이 되기도 한다.

집, 일터를 품다! 집을 작업실+숍으로

아날로그적 감성을
품은

한 지붕

서울 성북동   김지은 씨네

세 공간

건물 __30__ 평

대지 __32__ 평

용도	작업실 겸 숍
대지 면적	105.6m²
연면적	99m²
형태	지상 1층 목구조
공간 구성	실내_ 입구 쇼윈도, 플라워 숍, 라이프스타일 숍, 메인 홀, 쿠킹 스튜디오, 사무 공간 겸 전시 공간, 화장실, 창고 외부_ 앞마당
오픈 시기	2010년
위치	서울시 성북구 성북동 68-5
오픈 시간	오전 11시~오후 7시(화,목), 오후 12시~7시(월,수,금), 일요일 휴무
홈페이지	www.atelierandproject.com

성북동 '아틀리에앤프로젝트'는 각기 다른 분야에서
활동하는 세 사람의 작업실 겸 숍이다.
입구에는 플라워 숍과 라이프스타일
숍의 꽃과 소품들이 자리하고 있다.

시간의 흔적을 품은
오래된 집의 묘미
'아틀리에앤프로젝트'

성북동 초입 간송미술관 입구에 오래된 기와집 한 채가 있었다. 성북동 하면 떠오르는 고급 주택과는 거리가 먼 그냥 허름한 집은 콘크리트 담으로 가려져 있어 안이 보이지도 않을뿐더러 시선을 끌 만한 뭔가도 없었다. 그런데 담이 없어지면서 입구에 산뜻한 그린 컬러의 쇼윈도가 생겼다. 벽에는 안이 살짝 들여다보이는 작은 창문이 생겼고, 지붕의 기와 색깔도 달라졌다. 담벼락엔 큼지막하게 'ATELIER & PROJECT'라는 글씨도 새겨졌다. 조용한 변화에 이 길목을 무심히 지나치던 사람들의 시선이 닿기 시작했다.

아틀리에앤프로젝트는 한 지붕 아래 라이프스타일 숍, 플라워 숍, 쿠킹 스튜디오가 사이좋게 둥지를 튼 공동의 작업 공간이자 숍이다. 또한 쿠킹 클래스와 플라워 클래스가 열리기도 하고, 때때로 전시와 작은 음악회가 열리는 문화 공간이 되기도 한다. 안팎을 둘러보면 주거 공간으로서는 다소 불편하고 미흡해 보이는 낡은 주택이 작업실이나 숍으로서는 개성 있고 매력적인 공간으로 거듭날 수 있다는 점을 느끼게 된다. 특히 아날로그적 감성이 흐르는 공간을 원한다면 멀끔한 새 집보다는 오래된 집이 유리할 수도 있다. 밋밋한 일반 상가 건물에 비해 자연스럽게 만들어진 공간의 묘미와 인위적으로 흉내 낼 수 없는 시간의 흔적을 담고 있기 때문이다.

바닥은 타일로 마감하고 실용적인 주방 가구를 들였다.

빈티지한 창문이 편안하게 어울리는 주방.

가장 안쪽에 자리한 쿠킹 스튜디오.

기존에 창고였던 공간을 세련된 쇼윈도로 만들었다.

작업실 전경. 허술한 구조를 보강하기 위해 철제 빔을 설치한 트러스 구조의 천장이 오히려 디자인 포인트가 되었다. 마루 패널을 엇갈려 마감한 바닥도 눈에 띈다.

닫힌 집에서 따뜻한 감각이 흐르는 열린 공간으로

아틀리에앤프로젝트는 아트디렉터, 플로리스트, 디저트 작가 이렇게 세 사람의 작업 공간이자 숍이다. 2006년 압구정동에 작업실 겸 카페로 오픈했던 공간을 2010년 성북동으로 옮긴 것. 그러면서 각자의 작업에 좀 더 집중하자는 뜻에서 카페 기능은 접기로 했다. 아틀리에앤프로젝트의 리더이자 아트디렉터 김지은 씨는 트렌드를 선도하는 강남의 빌딩보다는 강북의 오래된 주택을 선택한 이유에 대해 이렇게 말한다.

"각자의 분야에서 어느 정도 자리를 잡았고 몇몇은 결혼도 하고 아이도 생기고 하니 더 잘, 더 아름답게 살아야겠다는 생각이 들더군요. 일에만 집중하는 사이 주변을 돌아보지 못하고 하고 싶은 일, 사람들과 공유하고 싶은 이야기를 미루고 있었던 것 같아요. 이제는 그것들을 한 장소에서 엮고 긴 히스토리를 만들어갈 시점이라는 생각이 들었어요."

그러자면 트렌드의 중심 압구정동을 떠나 조금은 아날로그적이고 조용한 동네, 유행에 쉽게 휘둘리지 않고 오래 머물 수 있는 동네여야 했다. 거의 1년 동안 강북의 괜찮은 동네를 구석구석 돌아다녔다. 처음엔 한옥을 마음에 두고 효자동, 창성동, 누하동 일대 오래된 한옥을 둘러봤다. 그러나 너무나 올라버린 가격에 마음을 접고 마당 있는 주택으로 방향을 선회했다. 부암동, 명륜동 등이 후보에 오르기도 했는데 결국은 간송미술관이 있고 서울 성곽이 보이는 이곳 성북동까지 오게 되었다.

사실 ㄱ자 기와집에 대한 동경과 환상만으로 결정한 집이었다. 처음엔 천장을 뜯어내 적산가옥 특유의 서까래를 살리면 좋겠다는 부푼 기대를 안고 공사에 돌입했다. 그런데 예상과 달리 너무나 허술하게 지어진 집이라 철거 작업부터 만만치 않았다. 막막해서 처음 며칠간은 밤잠을 설쳤다. 예산도 시간도 넉넉하지 않은 상황에서 전체적으로 손을 대야 했다. 그렇다 해도 기와집의 외관과

ㄱ자의 기본 형태를 유지해 본래 이 집이 가지고 있던 감성적인 부분은 훼손하지 않았다. 우선 높은 담을 허물어 바깥과 단절되어 있던 작은 마당을 꽃이 있는 테라스로 만들었다. 길가에 접해 있던 창고 공간에는 세련된 쇼윈도를 만들어 현대와 과거의 느낌을 적절히 매치해 아틀리에앤프로젝트의 스타일을 표현했다. 튀는 주황색이던 기와지붕도 철거하기엔 비용 부담이 커서 브라운 컬러 페인트로 칠했는데 의외로 차분한 느낌이 살아났다.

내부는 보강 작업에 중점을 두었는데 특히 까다로운 것이 천장 공사였다. 기대했던 근사한 서까래 대신 구조 보강을 위해 철제 빔을 설치한 트러스 구조의 천장은 기능적인 면은 물론 전체 공간의 디자인 포인트가 되었다. 모래만 있었던 바닥은 기초를 단단하게 다지고 나무와 타일을 깔아 따뜻한 느낌을 살렸다. 또한 각 방을 나누었던 벽은 대부분 철거해서 공간을 오픈하되, 몇몇 개는 그대로 남겨두어 공간을 나누는 파티션으로 활용했다. 이곳이 한결 따뜻하고 온화하게 느껴지는 것은 군데군데 있는 빈티지한 느낌의 창 때문이다. 원래 있던 작은 창을 빈티지 창틀로 바꾸고 넓히는가 하면 원하는 곳에 창을 새로 만들어 폐쇄적이던 집을 열린 공간으로 바꾸었다. 주택이기 때문에 가능한 일이었다.

오래된 주택일수록 시공 전문가와의 협업이 중요하다

분야가 조금씩 다른 세 개의 공간을 조화롭게 배치하는 것도 중요하다. 이를 위해 개인 작업과 집중이 필요한 주방은 가장 안쪽에 배치해 오픈되어 있지만 최대한 동선에 방해가 되지 않도록 했다. 자연스럽게 매치되는 플라워 숍과 라이프스타일 숍의 소품들은 분리하기보다는 적절하게 어우러지도록 매치해 하나의 숍처럼 보이도록 연출했다. 특히 김지은 씨가 일을 하면서 모은 빈티지 가구와 그릇, 문구류, 가방, 소품 등은 판매하는 상품인 동시에 인테리어 소품으로서 공간

플라워 숍과 쿠킹 스튜디오 사이에 자리한 라이프스타일 숍이다. 가운데 놓인 테이블은 매장의 인테리어 소품이자 클래스가 열리는 공간이기도 하다.

플라워 숍 입구.

원하는 곳에 빈티지한 느낌의 창을 낸 것도 주택이기에 가능했다.

을 한결 풍성하게 한다. 작업실을 주택으로 옮긴 것은 현실적인 면에서도 탁월한 선택이었다. 비싼 임차료와 때가 되면 어김없이 임대료 인상을 요구하는 통에 적잖은 스트레스를 받았기 때문이다. 그런 이유로 주변의 디자이너 친구들이 정성을 쏟은 공간의 문을 닫거나 이사하느라 애쓰는 모습을 보면서 안타까웠다고. 그래서 장기적인 계획을 세워 예산을 짜고 집을 구입했던 것. 물론 집을 구하고 개조하는 데 비용이 들긴 했지만 꼼꼼하게 계획하고 직접 디자인하고 스타일링했기 때문에 큰 지출은 막을 수 있었다. 한 달을 예정했던 공사는 보름 정도가 더 걸렸다. 일반적인 건물 인테리어는 대부분의 상황이 예측 가능하지만 주택, 특히나 오래된 주택은 뜯어봐야 알 수 있는 것이 많기 때문이다. 이런 경우 디자인보다도 그것이 실제로 가능한지 여부를 시공 전문가와 반드시 확인하며 작업을 진행해야 시행착오를 줄일 수 있다.

"아트디렉터로서 많은 공간을 디자인했지만 주택은 낯선 부분이 많았습니다. 내 눈에는 괜찮아 보여도 과연 이 집이 머릿속에 그린 그림으로 표현할 수 있는 곳인지 기술적으로 확신할 수는 없었어요. 그래서 집을 선택할 때에 시공 전문가의 의견을 새겨들었는데 그것이 많은 도움이 되었습니다. 또 철거하거나 공사하다 보면 예상하지 못했던 변수가 언제 어디서 생길지 모르기 때문에 늘 생각하고 준비해야 당황하지 않아요."

우여곡절 끝에 완성된 작업실은 느리게 호흡하고 싶었던 의도대로 편안하고 따뜻한 감성이 흐르는 공간이 되었다. 창문을 열어두면 길을 오가는 사람들의 소리를 들을 수 있고, 비가 오면 지붕에 떨어지는 빗소리며 유리창에 어리는 빗방울도 놓치지 않고 듣고 보게 된다. 그런 사소한 일상들이 작업하는 사람에게는 좋은 에너지가 된다. 집처럼 편안하고 여유로운 분위기 때문인지 멤버들이 작업에 한결 즐겁게 집중할 수 있고, 고객 연령대가 넓어지고 동네 사람들도 편히 들르는 공간이 되었다. 작업실로서도, 숍으로서도 큰 수확이라 할 수 있다.

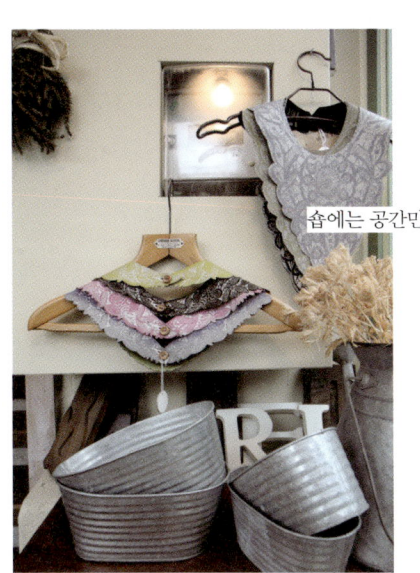

숍에는 공간만큼이나 독특한 오브제와 소품이 가득하다.

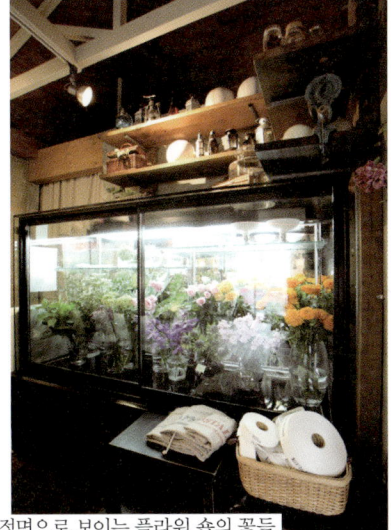

입구에 들어서면 정면으로 보이는 플라워 숍의 꽃들.

아틀리에앤프로젝트 집 구조 (99㎡)

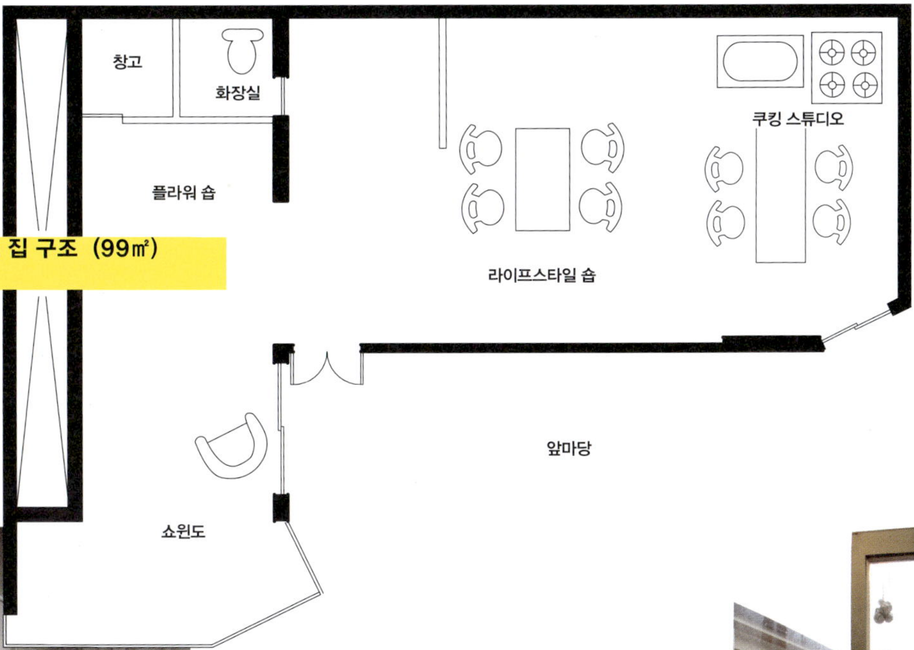
창고
화장실
쿠킹 스튜디오
플라워 숍
라이프스타일 숍
앞마당
쇼윈도

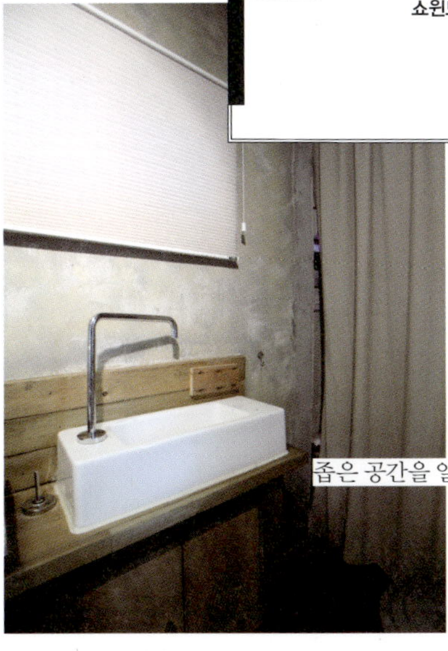

좁은 공간을 알뜰하게 활용한 세면대.

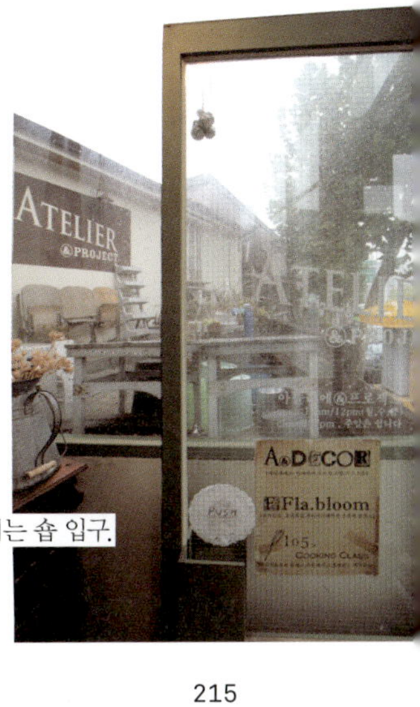
ATELIER

아날로그적 감성이 느껴지는 숍 입구.

집, 일터를 품다! 집을 빵집으로

프랑스 빵 굽는
동네 빵집

30년
된
가정집
1층

서울 상수동

장은철 씨네

건물 **26**평

대지 **30**평

용도	베이커리 숍
대지 면적	99m²
매장 면적	85.8m²
형태 및 특징	지상 2층 조적식 구조 중 1층만 임차
공간 구성	실내_ 매장, 제빵실, 제과실, 작업실, 주방, 화장실
	차고_ 카페로 개조
	마당_ 야외 테이블
오픈 시기	2011년
위치	서울시 마포구 상수동 311-1
영업 시간	오전 10시 30분~오후 10시, 일요일 휴무
블로그	blog.naver.com/inbp83

카페는 화려한 인테리어 대신 프랑스 국기를 연상시키는 블루와 레드 컬러로 포인트를 주었다.

매장에서 구입한 빵을 먹을 수 있는 카페 전경.

셔터가 내려져 있던 차고에 유리문을 달아 밝은 분위기의
공간으로 바꾸었다. 직원이 지키고
있지 않기 때문에 고객들이 빵을 먹고
음악을 듣다 가기에도 부담 없는 공간이다.

빵 냄새 솔솔 풍기는
어느 단독주택
'퍼블리크' 이야기

홍대 근처에 가면 가정집을 개조해 개성 있는 상업 공간으로 활용하는 곳들을 쉽게 볼 수 있다. 골목골목 재미있는 공간이 즐비해 주택의 다양한 변신을 한눈에 볼 수 있다 해도 과언이 아닐 듯. 이제 카페, 레스토랑, 옷 가게 등은 오히려 평범해 보일 정도다. 기발한 아이디어와 인테리어로 시선을 사로잡는 예쁜 상업 공간의 틈바구니 속에서 주목받는 곳이 있으니, 2011년 봄 문을 연 상수동 빵공장 '퍼블리크'다. 이런 골목에 빵집이 있을까 싶게 조용한 상수역 근처 주택가에 자리 잡은 퍼블리크는 빵맛 좀 안다는 블로거들 사이에선 이미 입소문이 자자한 곳. 프랑스 전통 밀가루와 100% 호밀로 만드는 빵맛도 좋지만 오래된 주택의 1층을 임차해 빵집으로 개조한 아이디어가 눈에 띈다. 널찍한 통창에 세련된 인테리어를 자랑하는 대형 프랜차이즈 빵집과는 다른 소박함, 그리고 번화한 상가 건물보다 편안한 주택이라는 점이 고객들의 감성을 자극하는 공간이다. 밖에서 보면 1층은 프랑스빵집이고 2층은 살림집이라 과연 여기가 뭐 하는 곳일까 싶기도 하지만 옛날 가정집 분위기에 마당이 있는 빵집이라는 콘셉트를 신기해하며 찾는 고객들이 점점 늘고 있다. 퍼블리크가 생기면서 그저 평범한 주택가였던 골목에 상업 공간이 하나 둘 들어온 것도 눈에 띄는 변화다.

대문 앞 우체통을 간이 간판으로 활용했다.

대중적인 빵집을 추구하는 퍼블리크의 심벌.

거실은 빵을 진열하고 판매하는 매장이 되었다. 세월의 켜가 쌓인 주택의 낡은 나무 마감재가 퍼블리크만의 분위기를 살리고 있다. 진열대 뒤쪽 방들은 제빵실, 주방, 작업실로 사용한다.

안방은 제빵실, 거실은 매장, 차고는 카페로

장은철 셰프가 프랑스 정통 빵집을 오픈하기로 하고 6개월이나 돌아다닌 끝에 낙점한 이곳은 2층엔 주인이, 1층엔 세입자가 사는 전형적인 주택이다. 지금도 1층은 빵집이지만, 주인이 사는 2층은 오래된 방범창이 남아 있는 옛날 주택 모습 그대로다. 주택가 깊숙한 곳에 자리한 집 1층에는 두 개의 방, 거실, 주방, 화장실, 창고로 사용하던 차고, 작은 마당이 있었다. 대로변에서 좀 떨어진 뒷골목인 데다 공간이 작게 쪼개져 있어 상업 공간으로 그리 좋은 조건이 아니었다.

"프랑스 정통 빵을 만드는 과정은 천연 효모를 사용하고 자연 발효시키기 때문에 시간과 공이 많이 들어가는 작업입니다. 이런 건 너무 번화한 곳과는 오히려 맞지 않죠. 소량이지만 정성껏 만들자는 생각을 펼치기엔 최적의 조건일 수 있다고 봤습니다. 실제로 프랑스에는 가정집 느낌의 빵집이 많아요. 우리나라에서는 프랑스 빵과 디저트가 지나치게 고급스럽게 포장된 면이 있는데 원래 프랑스 빵은 매일 먹는 밥처럼 건강하고 부담 없는 빵이에요."

그가 생각한 빵집의 콘셉트는 소박한 가정집 분위기와 잘 맞았다. 아담한 집이지만 잘만 세팅하면 빵공장, 판매 공간, 홀을 한곳에서 해결할 수 있다는 것도 장점이었다. 보통 주택을 상업 공간으로 바꿀 경우 벽을 허물고 대대적인 철거 작업이 수반되는 데 반해 이곳은 부엌과 작은 방 사이 벽 하나를 허문 것 말

먹음직스럽게 구운 크루아상.

퍼블리크가 자랑하는 프랑스 정통 빵.

고는 기존의 구조를 살렸다. 셔터가 내려져 있던 차고에 유리 도어를 달아 밝은 분위기의 홀로 바꾸고 홀과 작은 문으로 이어진 거실은 빵을 진열하고 판매하는 공간으로, 그리고 안방이 있던 자리는 제빵실로 만들었다. 특히 제빵실에는 커다란 창을 내어 마당에서 빵 만드는 모습을 볼 수도 있다. 기존의 부엌과 작은방을 터서 주방으로 만들고, 볕이 잘 드는 마당에는 붉은 천으로 차일을 치고 테이블을 놓아 야외 카페로 활용했다. 허름한 살림집은 의도한 대로 제빵실, 매장, 홀을 아기자기하게 다 갖춘 빵집으로 거듭났다.

인테리어도 화려함보다는 이 집이 가진 본래의 분위기를 살리는 쪽으로 가닥을 잡았다. 현관 옆의 낡은 신발장을 그대로 둔 것도, 거실 벽에 겹겹이 붙어 있던 벽지를 제거하고 1980년대에 지은 집에서 흔히 볼 수 있는 나무 마감재와 방문을 드러낸 것도 그 때문이다. 세월의 켜가 쌓인 나무의 느낌은 빵의 색감을 살리는 데도 효과적이었다. 한편으론 부분적으로 원색으로 포인트를 주어 생동감을 불어넣기도 했다. 화이트를 기본으로 레드와 블루 컬러로 포인트를 준 홀은 프랑스 국기를 연상시키고, 빵 판매 공간에서 마당으로 난 큰 창의 프레임을 붉게 칠한 것도 프랑스 빵집이라는 이미지를 강조한다. 빵을 모티프로 한 오브제를 곳곳에 배치한 것도 재미있는 아이디어다.

매장에서 바라본 마당.

빵과 함께 간단한 음료도 판매한다.

주택을 상업 공간으로 바꿀 때 정확한 실측은 필수

가정집을 상업 공간으로 개조하기 전에 구조변경이 어느 정도까지 가능한지, 철거할 수 없는 벽이 있는지를 꼼꼼히 체크하는 건 기본. 특히 장은철 셰프는 이 과정에서 해당 공간을 정확하게 실측하는 것이 중요하다고 말한다.

"방마다 줄자로 다 재보고 그림을 그려보고 결정했어요. 저희 같은 경우엔 구조변경을 거의 하지 않고도 원하는 공간을 만들 수 있었습니다. 제빵 기계들이 워낙 대형이라 일반 가정집에 들어가기 쉽지 않은데, 미리 재보고 기계의 위치까지 정확하게 결정했습니다. 다행히 별다른 공사를 하지 않고도 생각한 자리에 기계가 딱 맞게 들어가더라고요."

덕분에 공사 범위도 넓지 않아 업체에 일임하지 않고 직접 진행해 비용을 절감했다. 대신 업체에 맡길 경우 2주에서 한 달 정도 걸리는 공사 기간이 두 달 반 정도로 길어지긴 했다.

"공사를 급하게 마무리하다 보면 아쉬운 부분이 남게 마련입니다. 저희는 원하는 분위기가 나올 때까지 작업하면서 만족도를 높였습니다. 외벽에 회색 페인트를 저희가 직접 칠했는데 그것도 한 세 번 정도 칠했다 덮었다 반복하면서 만든 색깔입니다. 같은 회색이라도 미세한 차이에 따라 분위기가 달라지기 때문이에요. 몸이 힘든 점은 있었지만 후회 없는 결과물을 만들 수 있어 재미있기도 했습니다. 결과적으로 보면 비용은 20% 정도 절감했고 만족도는 100%로 올렸습니다."

'행복을 굽는 라몽떼'라는 그의 블로그(http://blog.naver.com/inbp83)에는 매장 실측부터 시작해 철거, 실내 미장 공사, 상업용 전기와 수도 설비 공사, 페인트칠, 매장 바닥 코팅 작업, 전기 계량기 설치까지 몇 달간의 공사 과정이 소상하게 올라와 있다.

또 다른 출입구인 대문으로 들어서면 볕이 잘 드는 마당이다. 붉은 천으로 차일을 치고 테이블을 놓아 야외 카페로 활용했다. 이곳에 있으면 제빵실에서 빵을 만드는 모습을 볼 수 있다. 2층은 집주인이 사는 살림집이다.

요즘 '홍대 빵투어'라는 말이 생길 정도로 홍대 주변에는 유학파 파티셰들의 개성 있는 빵집이 많아졌다. 퍼블리크 역시 그런 곳 중 하나인데 빵맛뿐 아니라 공간의 차별화를 통해 고객들의 만족감을 높였다. 단지 빵만 사는 곳이 아니라 날씨 좋은 날은 마당 테이블에 앉아 빵을 먹으며 파티셰의 모습도 구경하고, 홀에는 직원이 상주하지 않으니 눈치 보지 않고 오래 머물러도 좋다. 빵을 만드는 사람도 꽉 막힌 작업장이 아니라 마당도 내다보고 하늘도 올려다보면서 손님과 소통할 수 있어 더없이 좋단다. 럭셔리한 베이커리 혹은 브랑제리라는 타이틀보다 빵공장이라는 수식에 왠지 더 믿음이 간다.

주택을 상업 공간으로 바꿀 때, 꼭 알아두세요!

주택을 상업 공간으로 활용할 계획이라면 계약하기 전에 용도 변경이 가능한 건물인지 꼼꼼하게 확인하는 것이 우선이다. 건축법상 건축물은 9개의 시설군으로 분류되는데, 하위 시설군에 속하는 주거업무시설을 상위 시설군에 해당하는 근린생활시설군 등으로 바꾸려면 용도 변경 허가 신청을 해야 한다. 용도변경허가서, 변경 전후 평면도, 건축설비도 등의 서류를 준비해 해당 지자체에 제출한다. 인테리어 공사는 용도변경허가필증을 받은 뒤에 할 수 있고, 공사 완료 후에는 건축물대장에 변경 사항을 기재해야 한다. 단, 용도 변경 면적이 100㎡ 이상일 경우 사용승인서를 받아야 한다. 용도 변경에 관한 사항을 직접 처리하기 어렵다면 건축사사무소에 의뢰한다.

매장과 카페를 잇는 입구.

곳곳에 빵을 모티프로 한 오브제를 적절히 배치해 정통 빵집 분위기를 살렸다.

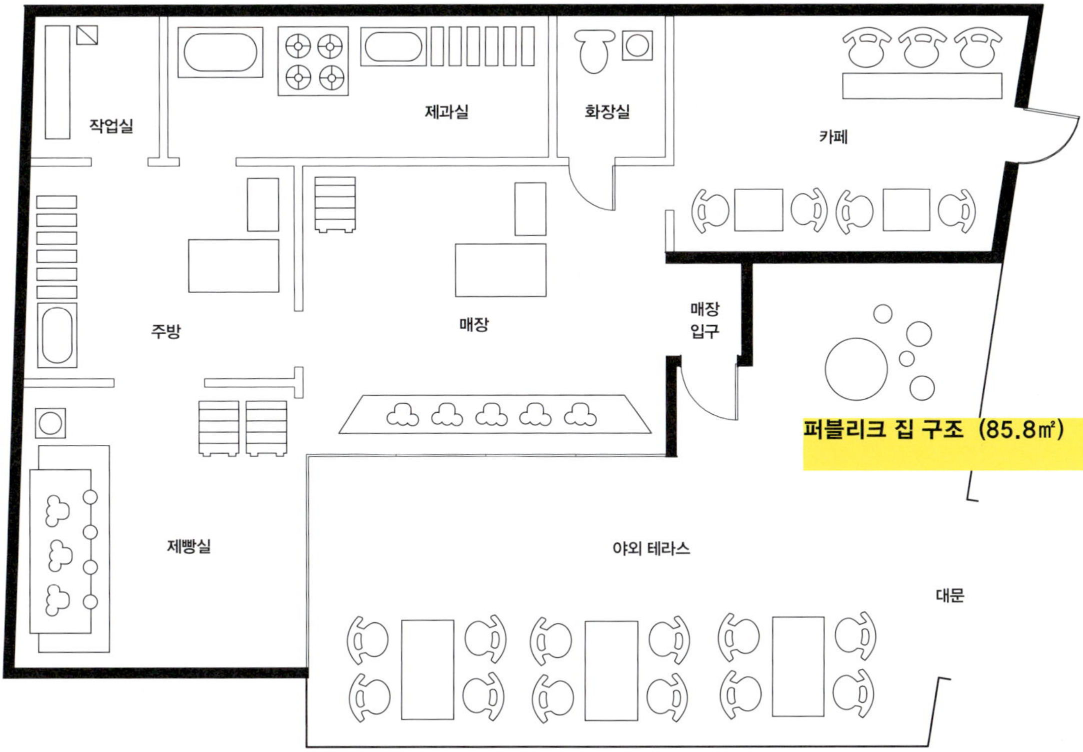

작업실 | 제과실 | 화장실 | 카페

주방 | 매장 | 매장 입구

퍼블리크 집 구조 (85.8㎡)

제빵실 | 야외 테라스 | 대문

빵집 분위기와 잘 어울리는 매장. 문 안쪽은 화장실이다.

세련되게 변신한 카페 출입구.

4   집 고치기, 집 짓기 어떻게 해야 하나?

집 고치기

기존 주택을 고친다고 해도 공사 범위와 비용은 천차만별이다. 집의 노후 정도에 따라 기본적인 마감재 교체 수준으로 끝날 수도 있고, 거의 신축에 가깝게 공사 범위가 커질 수도 있기 때문이다. 이 책에 소개된 계동 주택을 리모델링한 '더 디자인 스토리' 이현주 실장을 통해 단독주택 고치기에 관한 궁금증을 알아본다.

단독주택 리모델링은 아파트와 확실히 다르다!

아파트는 위 아래 옆집과 붙어 있어 구조변경에 어느 정도 한계가 있다. 따라서 평면 구성의 변화보다는 인테리어 스타일링으로 변화를 주는 경우가 많다. 그에 비해 단독주택은 평면 구성뿐 아니라 위 아래층 구조에도 자유롭게 변화를 줄 수 있어 공간 재구성의 가능성이 많다. 하지만 눈에 보이지 않는 수도, 전기, 난방 배관 등의 설비가 복잡해 설비 사고를 예측하기 어렵다. 물론 설비 도면이 있다면 일이 훨씬 수월해지지만 15~20년 이상 된 오래된 주택의 경우 도면을 보관하는 경우는 극히 드물다. 그런 상태에서 설비를 자칫 잘못 건드리면 비용이 눈덩이처럼 불어나기도 한다. 이 때문에 공사 과정에서 배관을 찾아가며 일하는 경우가 많다. 인테리어 디자이너들끼리 '단독주택은 칡뿌리 캐는 것과 같다'는 말을 하는 것도 그런 이유다. 아파트와는 발상부터 접근 방법 자체가 다르다.

리모델링의 범위는 크게 세 가지로 구분된다. 첫째, 구조변경 없이 배관을 건드리지 않고 인테리어 스타일링만 하는 경우. 둘째, 기존 설비를 보완하면서 구조변경과 스타일링을 병행하는 경우. 셋째, 골조만 남기고 완전히 철거해 구조변경은 물론 설비까지 완전히 교체하는 경우다. 이 중에서 가장 까다로운 것이 두 번째다.

스타일링만큼이나 구조, 설비, 누수, 단열이 중요하다!

흔히 리모델링한다고 하면 눈에 보이는 인테리어만 생각하는 경우가 많다. 실내 공사 위주로 진행되는 아파트에서는 디자인적인 부분을 보다 비중 있게 생각할 수도 있다. 하지만 외관까지 신경 써야 하는 단독주택일 때는 얘기가 달라진다. 대대적인 구조변경을 포함해 전반적으로 다 고친다면 스타일링 못지않게 튼튼하고 따뜻한 집을 만드는 것이 중요하다. 한번 생각해 보라. 기껏 예쁜 벽지와 가구로 치장했는데 벽에 누수가 생겨 얼룩지고 겨울에는 추워서 벌

벌 떨면서 사는 집이 과연 아름답고 행복을 주는 집이 될 수 있을까. 따라서 단독주택을 리모델링할 땐 구조, 설비, 누수, 단열까지 꼼꼼하게 살펴야 한다. 그러자면 단독주택 시공 경험이 풍부하고 이런 하드웨어적인 부분과 디자인적인 부분을 세심하게 챙겨줄 수 있는 업체와 디자이너를 찾는 것이 관건이다.

어느 때 리모델링을 하고 어느 때 신축을 해야 하나?

골조를 살리면서 리모델링할 것인지, 완전히 부수고 새로 지을 것인지는 집주인이 생각하는 집의 구조, 가능한 예산, 공사 기간에 따라 결정된다. 특히 오래된 집에 구조 변경을 많이 할 경우 건물 안전에 영향을 줄 수 있다고 판단되거나 기본적인 골조가 너무 허술하다면 당연히 신축이 유리하다. 이는 상담 과정에서 정리된다.

홈페이지만 보지 말고 2~3군데 업체를 직접 방문하라!

주택 리모델링을 할 때는 충분한 사전 조사를 거쳐 업체 선정부터 신중을 기해야 한다. 낡은 집을 구조변경하는 것이라면 더더욱 그렇다. 가능하면 단독주택 시공 경험이 풍부한 업체 위주로 고른다. 이때 시공 사례가 꾸준히 축적되고 있는지를 확인한다. 종종 회사 내부적인 문제로 현재는 일이 거의 없는 상태인데 과거 포트폴리오만 보고 의뢰하는 경우가 있다. 이런 경우 결국 원활한 공사 진행이 어렵고 그것은 고스란히 집주인의 시간과 비용 부담으로 돌아온다. 인터넷상에 올라온 시공 실적과 사진만 보지 말고 마음에 드는 업체가 있다면 직접 사무실을 방문하라. 단독주택의 가장 큰 문제인 설비 부분이나 단열 등에 대해 궁금한 점을 충분히 물어보면서 신뢰할 수 있는 업체인지를 판단하는 것이 좋다. 그렇게 만나다 보면 나름의 판단 기준이 생길 것이다. 단, 사전 조사는 충분히 하되 너무 많은 업체를 방문하지는 말 것. 에너지 낭비도 많고 오히려 혼란만 가중될 수 있기 때문이다. 자신과 맞을 것 같은 업체 2~3군데 정도를 정해 원하는 바를 충분히 이야기하고 공사 범위와 금액을 현실적으로 맞춰가는 것이 현명한 방법이다.

견적 비교는 필수, 하지만 단순한 금액 비교는 금물!

1차적으로 업체를 정하고 미팅을 한 다음엔 2~3군데 정도에서 견적서를 받아 비교한다. 평당 비용으로 막연히 요청하지 말고 직접 고를 것과 맡길 것의 범위를 명확히 한다. 예를 들면 가구를 포함할 것인지의 여부 등. 그리고 항목을 가능한 한 세세하게 적용해야 견적서 내용을 이해하기가 쉽다. 하지만 단순히 싼 곳을 골라내기 위해 비교하지는 말 것! 무조건 싸다고 정할 것이 아니라 마감재의 질을 꼼꼼히 따져 결정해야 한다. 특히 단독주택의 경우 단열이

나 창호 등이 중요하다. 너무 싼 자재를 쓰면 겨울에 추울 수밖에 없고, 나중에 추가 공사비가 들어 결과적으로는 더 많은 비용이 들어갈 수 있다. 견적의 총 비용이 비싸다면 분명 비싼 이유가 있고 싸다면 또 그에 합당한 이유가 있다는 점을 간과해서는 안 된다. 좋은 자재를 쓰면서도 싼 가격을 기대하는 건 어쩌면 욕심이다. 견적 비교 시 무조건 싼 곳을 찾기보다 적정 비용을 얼마나 효율적으로 활용하는지가 관건이다. 정말 돈을 써야 할 곳에 쓰고 아낄 수 있는 부분은 아껴야 한다. 견적서를 비교하다 보면 고급 자재까지는 필요 없다 싶은 것도 있고, 어떤 것은 좀 더 좋은 것을 써야 하지 않나 싶은 것도 있을 것이다. 예를 들어 아트월에 대리석을 쓰면 고급스럽긴 하지만 예산이 빠듯하다면 부분적으로 사용하거나 컬러 도장으로 대체해 스타일을 살리는 방법도 생각할 수 있다. 가구도 일괄적으로 제작하면 좋겠지만 여의치 않다면 줄이거나 뺄 수도 있다. 따라서 여러 군데 견적을 받아 총액을 줄이는 차원에서 접근할 것이 아니라 신뢰할 수 있는 업체를 찾아 예산에 가장 적합한 내용으로 맞춰간다는 식으로 비교해야 한다. 따라서 1차 견적을 받은 뒤 이런 점을 염두에 두고 최종 업체를 선택한 다음 본격적인 견적 조정에 들어가는 것이 좋다. 즉, 내게 맞는 공사 범위와 내용을 구체적으로 이야기하고 그에 따라 견적을 수정한다. 여러 업체에서 대강 여러 번 받는 것보다 한 업체에서 수정 견적을 여러 번 받는 것이 훨씬 합리적이라는 말이다.

A/S 기간과 범위를 계약서에 반드시 명시하라!

업체 선정 시 또 한 가지 중요한 것은 사후 관리가 잘 되는 곳이냐의 여부다. 특히나 단독주택은 아파트와 달리 외부에 노출된 공간이 많아 공사 후 보완할 곳들이 종종 생긴다. 이럴 때 영세 업체의 경우 공사 완료 후 업체 자체가 없어지거나 연락을 해도 연결이 되지 않아 집주인이 추가 비용을 들여 보수하는 경우도 있다. 정상적인 업체라면 공사 완료 후 1년 이내에 발생하는 하자에 대해서는 무상 보수, 이후에는 유상 보수를 한다. 따라서 계약서에 이러한 내용을 간단하게라도 명시해야 뒤탈이 없다. 더 중요한 것은 검증된 업체를 선택하는 것이다.

비용 절감 노하우는 충분한 상담을 통해 공사 방향과 범위를 결정하는 것!

자재를 싸게 사고 디자인 비용을 쥐어짜면 금액이 줄어들 거라 생각하면 오산이다. 정말 비용을 아끼는 노하우는 디자이너와의 상담에 달려 있다. 아파트는 커다란 콘셉트만 결정한 다음 공사를 진행하면서 구체화할 수도 있지만 단독주택은 그렇지 않다. 구조, 공사 범위, 디자인 콘셉트, 자재 등 세부 사항까지 꼼꼼히 정해놓고 공사에 돌입해야 한다. 대략적인 것만 정하고 시작했다가 중간에 변경이 생기면 그것이 곧바로 비용 부담으로 오기 때문이다. 특히 중간에 구조를 바꿀 경우 재시공 비용이 만만치 않다. 따라서 사전 협의를 충분히 하고 추가 사항을 최소화하는 것이 진정한 비용 절감 방법이다.

최근에는 감각 있는 건축주도 많아 자신들이 직접 시공을 하기도 한다. 그런데 그 집이 단독주택일 경우 직접 할 수 있는 것과 없는 것을 명확히 구분해야 실수가 없다. 앞서 언급했듯 단독주택은 스타일보다 설비나 구조 등의 문제가 더 중요하다. 배관을 잘못 건드려 하지 않아도 될 설비 공사가 추가되지 않도록, 애초 구조변경이나 설비 등 크게 문제가 생길 소지가 있는 집이라면 전문가에게 맡기는 것이 비용 절감의 지름길이다.

뒷북치지 말고 부문별 마감 공정을 점검하라!

전체적인 공사 스케줄은 업체가 관리하겠지만 집주인도 이 부분을 꼼꼼히 챙겨야 한다. 목공사, 타일공사, 도장, 도배 등 부문별 마감이 끝났을 때 직접 확인하고 수정할 부분이 있으면 그때그때 진행해야 수월하다. 그렇지 않고 도배가 끝난 후 도장이나 타일을 교체하게 되면 일이 번거로워지는 것은 물론 시간도 더 걸리고 작업자와 얼굴 붉힐 일이 생길 수 있다. 현장에 직접 갈 수 없다면 사진으로라도 진행 과정을 확인하고 디자이너와 의견을 나눈다.

인테리어 스타일링 전 어떤 준비를 해야 하나?

그 집에 살 사람은 집주인이다. 따라서 원하는 콘셉트를 명확히 말해주는 것이 가장 좋다. 책이나 리빙 잡지를 보면서 맘에 드는 공간 사진이나 이미지 등을 모아 디자이너에게 보여주는 것도 좋다. 하지만 이때 의욕이 너무 앞서 예쁜 것들만 모으다 보면 자칫 디자인의 일관성이 없을 수 있으니 이 점을 주의한다. 이런 것들이 모두 어렵다면 디자이너와 충분히 상담하며 합의점을 함께 찾아가는 편이 낫다.

공사 기간은 며칠 정도 여유를 두고 잡는다!

공사 비용과 기간은 공사 범위와 집의 노후 정도에 따라 많이 다르기 때문에 평당 얼마에 며칠이라고 단정하기가 어렵다. 경우에 따라서는 신축에 버금가는 정도의 비용과 시간이 걸리기도 한다. 통상 40~50평 기준으로 전반적인 구조변경과 설비 교체까지 한다고 했을 때는 2~3개월 정도가 소요된다. 그런데 이때 적어도 며칠의 여유를 두고 공사 일정을 짜야 한다. 공사 과정에서 예기치 않게 일정에 차질이 생기거나 완성도를 위해서 시간이 더 필요한 경우가 생기기 때문이다. 종종 입주 날짜에 맞추느라 무리하게 공사를 강행해 실수가 빚어지기도 한다. 공사가 별문제 없이 계획대로 마무리되면 남은 기간은 이사 전 청소와 집 전체를 충분히 환기하는 시간으로 활용할 수 있으니 더 좋다.

그 외에 리모델링 시 꼭 알아두어야 할 것들!

오래된 집은 배선이나 설비까지 전체적으로 손봐야 할 경우가 많다. 이때 설비 도면이 있으면 공사 진행이 한결 수월하다. 전 주인에게 도면이 있는지를 확인하고, 있다면 반드시 받아두는 것이 좋다. 도면이 없을 경우 전 주인으로부터 살면서 경험한 집의 특징을 들어두면 도움이 된다. 그리고 집을 계약하기 전이나 공사 전 결로나 누수로 인해 습기가 차는 곳은 없는지, 곰팡이가 피거나 물이 샌 흔적이 있는지, 마당의 배수가 잘 되는지, 녹물이 나오는지, 건물 천장이나 이음매에 균열이 있는지, 창호가 잘 닫히는지 등 사소한 부분까지 꼼꼼하게 확인한다. 이런 것들이 공사 범위를 정하는 데 큰 도움이 된다.

집 짓기

집 짓기란 평생에 한 번 있을까 말까 한 대형 프로젝트다. 누가 빨리 싸게 집을 지었다더라 하는 말에 혹해서 시작했다가는 예상치 못한 변수가 속출해 10년 늙는 건 시간문제다. 전문적인 부분은 건축가와 시공업체에 맡긴다 해도 기본적으로 건축주가 알아야 할 사항도 있게 마련이다. 나보다 한발 앞서 집을 지은 주인장들과 이 책에 소개된 창성동 한옥을 리모델링한 건축가이자 집주인인 '사무소효자동' 서승모 소장에게서 집 지을 때 알아두어야 할 사항에 대해 알아보았다.

설계와 시공은 반드시 분리해야 하나?

단순한 분리 여부보다 설계의 중요성을 인정해야 한다. 건축가와 함께 집을 지은 집주인 대부분은 설계가 정말 중요하다고 말한다. 설계는 아이디어를 구체화하는 것이다. 즉 건축주의 의견에 건축가의 생각을 더해 최적의 상태로 구현하는 것이 건축가의 일이다. 머릿속에서 추상적으로 맴도는 집에 대한 꿈을 현실적인 라이프 스타일로 풀고 싶다면 당연히 설계에 공을 들여야 하고 그만큼의 비용을 지급하는 것이 맞다. 하지만 특별히 원하는 콘셉트가 없다면 기성품처럼 비슷비슷한 구조의 집을 양산하는 시공회사에 의뢰해 싸게 지을 수도 있다. 단, 이런 경우 설계는 시공에 종속된 서비스 개념이 되어 건축주의 의견을 최대한 반영하기 어렵다는 점을 감안해야 한다. 드물긴 하지만 설계와 시공을 병행하는 업체 중에서도 건축가가 중심이 되어 건축주와 원활한 커뮤니케이션을 하고 설계에 공을 들이는 곳이라면 믿을 만하다. 이 책을 쓰기 위해 만난 건축주 중에도 그런 업체와 인연이 닿아 만족스러운 집을 지은 경우가 있다.

건축가를 만나기 전 어떤 준비를 하고, 만나서는 무슨 이야기를 해야 하나?

우선 건축 잡지와 관련 서적을 찾아보면서 자신의 생각과 잘 맞는 건축철학을 가졌거나 원하는 스타일의 집을 설계한 건축가를 찾는다. 그렇게 해서 2~3명 정도로 압축해 직접 만나보고 자신의 생각을 잘 들어주는 사람으로 정하면 된다. 건축가를 정하고 나면 구체적인 대화를 나눌 차례다. 그런데 건축가를 만난다고 하면 지레 겁부터 난다는 사람이 많다. 건축에 대해 잘 알지도 못하는데 무슨 얘기를 어떻게 해야 하나 막막하기 때문이다.

건축가와 건축주의 만남은 거창한 건축철학이나 전문 지식을 논하는 자리가 아니다. 그저 자신이 집에서 어떤 일상을 누리고 싶은지, 단독주택에 살면서 꼭 해보고 싶은 일은 무엇인지, 집 지을 예산이 얼마나 되는지 등에 대해 구체적으로 이야기하면 된다. 그 과정에서 모순된 이야기가 나올 수도 있다. 예를 들어 창이 넓고 많으면서 따뜻하기도 해야 한다는 식이다. 창이 많으면 단열 성능이 떨어질 수밖에 없는데 말이다. 여러 가지 요구 조건을 이야기하다 보면 이런 식의 모순은 당연히 생기게 마련이다. 그래서 건축가가 필요한 것이다. 이러한 모순을 현실적으로 조정하고 정리해주는 것이 건축가의 역할이다.

그냥 말로만 하는 것보다는 간단하게 메모를 해두면 자기 안의 생각이 정리되고 핵심 메시지를 보다 일목요연하게 전달할 수 있다. 건축가를 만나기 전 이야기할 내용과 만난 후 생기는 궁금증 등을 지속적으로 기록하다 보면 처음과 달리 꿈꾸는 집에 대한 구체적인 상이 그려지고 건축가와의 소통도 훨씬 수월해진다. 그런 소소한 이야기들이 설계의 바탕이 된다. 단, 건축주가 생각한 틀 안에서만 갇히지 않도록 주의해야 한다. 더구나 단독주택을 계획한다면 건축가가 알고 있는 더 넓은 세계와 아이디어를 받아들일 마음일 때 만족스러운 결과를 얻을 수 있다. 조급하게 생각해서 한두 번 만나고 끝낼 것이 아니라 자신이 생각하는 삶을 구현할 수 있는 공간이라는 생각이 들 때까지 충분히 이야기하고 수정해야 한다.

건축가는 설계 외에 또 어떤 역할을 하나?

건축가는 설계와 감리를 담당한다. 우선 설계 과정은 대개 기획 설계, 기본 설계, 실시 설계로 이루어진다. 기획 설계란 상담을 통해 집의 전체적인 콘셉트를 정하는 것이고, 이를 바탕으로 공간을 구성하는 것이 기본 설계, 마감선과 재료 선정까지 포함하는 것이 실시 설계다. 여기까지 진행되면 건축 인·허가를 신청하고 허가가 나면 착공계를 내고 본격적인 시공에 들어간다. 건축가는 시공 과정에서 실시 설계도서를 가지고 직접 현장에 나가 집이 제대로 지어지는지 감리하게 되는데, 그 과정에서 세부적인 변경 사항 등을 건축주와 협의하고 시공사와 조율하는 역할까지 맡는다. 감리 횟수는 설계 규모와 비용에 따라 약간씩 차이가 있으므로 계약할 때 정하면 된다. 시공사와 분쟁이 생겼을 때 조정하는 것도 건축가의 몫이다. 사실 건축주가 현장에 나가 공정별로 체크한다고 해도 무엇을 어떻게 확인해야 할지, 설계대로 진행되는지를 제대로 판단하기란 어렵다. 이런 부분을 건축가가 해준다고 생각하면 된다. 건축가를 미리 정한 경우라면 집 지을 땅을 고를 때부터 함께 보고 결정하는 것도 좋다.

설계비는 어느 정도로 생각하면 되나?

건축가의 필요성은 공감하면서도 건축가가 짓는 집은 비쌀 거라는 선입관은 여전하다. 이는 맞는 말이기도 하고 틀린 말이기도 하다. 설계비 몇 백만 원이면 가능한 이른바 집장수 집에 비하면 비싼 것이 사실이다. 반면 설계가 제대로 되면 그만큼 시공상의 오류가 줄어 불필요한 비용 지출을 하지 않아도 되고, 또 어디서나 볼 수 있는 똑같은 집이 아니라 자신에게 최적화된 집을 짓는다는 측면에서 보면 무조건 비싸다고 할 수만은 없다.

설계비는 건축가에 따라, 그리고 집의 규모와 예산에 따라서도 다르다. 작품 같은 집이라면 억대의 설계비를 받기도 한다. 하지만 보통의 경우 중견 건축가가 짓는 단독주택이라 하면 3000만~5000만 원 정도를 설계비로 받는다. 물론 이보다 더 들기도 하고 덜 들기도 한다. 통상적으로 건축비의 10% 정도로 생각하면 될 것 같다. 이는 시공 현장 감리까지 포함한 금액이다.

집은 한 번 지으면 쉽게 허물고 다시 지을 수 있는 것이 아니다. 목조주택의 경우 건축 인허가와 설계 기간만도 3~4개월씩 걸린다. 전체 비용으로 치면 몇 억씩 들어가는 큰일이고 오랜 시간 머물 공간인데, 질과 완성도를 추구하기보다 무조건 싸게 지으려고만 한다면 부작용이 생길 수밖에 없다.

설계도는 몇 번까지 수정할 수 있나?
수정이 많으면 설계비가 비싸지나?

설계 과정에서 건축주의 의견이 충분히 반영되는 것은 맞다. 하지만 정해진 일정과 예산이 있기 때문에 무한정 수정하는 것은 현실적으로 무리가 있다. 그래서 처음부터 일정표를 만들어 미팅 횟수 등을 정하고 시작하기도 한다. 무조건 많이 만난다고 좋은 설계가 나오는 것은 아니기 때문이다. 세부적인 수정 외에 설계가 완료된 상태에서 전면적인 설계 변경에 들어가면 추가 비용이 발생할 수 있다. 그렇다 해도 시공 과정에서 변경하는 것보다 설계 과정에서 충분히 수정하는 편이 비용은 적게 든다.

또한 시공을 위해서는 평면도와 입면도뿐 아니라 시공 방법과 자재까지 상세하게 기재된 시방서가 필요하다. 그래야 시공 과정에서 분쟁이 안 생긴다. 물론 설계를 제대로 의뢰했다면 당연히 시방서가 있겠지만 그렇지 않다면 아예 없거나 형식적인 표준 시방서로 대신하기도 한다. 이런 경우 시공 중 갑작스럽게 자재를 선택해야 한다거나 설계도와 다른 집이 지어져 분쟁이 생기기도 한다. 따라서 건축가에게 설계를 의뢰할 땐 이런 부분도 꼼꼼히 챙겨야 한다.

설계도, 겉핥기식으로 봤다가 큰코다친다!

설계도를 보면 대략적인 집의 모양과 공간 배치를 짐작할 수 있다. 그런데 여기에 그쳐서는 안 된다. 건축주가 설계도를 제대로 이해하지 못한 상태에서 집을 지을 경우, 즉 도면상의 스케일과 실제 크기를 헤아려보지 않았을 때 문제가 발생한다. 가령 설계도에는 방이 가로 세로 1m씩이라고 되어 있어 그대로 지었는데 다 해놓고 보니 생각보다 방이 너무 작다거나, 창의 위치와 크기가 상상했던 것과 다르다는 불만이 나오는 식이다. 이는 설계도상에 제시된 치수가 실제 어느 정도인지 가늠하지 않은 채 대략적인 배치만 보고 설계도를 승인했을 때 발생하는 문제다. 따라서 설계도에 표시된 공간의 크기를 실제 살고 있는 공간과 비교해 적절한지 여부를 확실히 짚고 넘어가야 한다. 건축가가 설계한 집의 이미지가 건축주의 머릿속에서도 정확하게 그려져야 한다는 뜻이다. 만약 어느 하나라도 잘 모르겠다면 건축가에게 다시 물어보고 자로 재보고 하면서 제대로 이해하는 과정이 꼭 필요하다.

시공업체 선정은 어떻게 하나?

누구나 아는 대형 건설회사가 아닌 이상 시공업체에 대해 많이 아는 경우는 흔치 않다. 보통은 건축가를 통해 소개받거나 건축주가 직접 알아본다. 또 건축가 추천 업체, 건축주 추천 업체, 그리고 제3의 업체를 놓고 견적 등을 비교해서 정하기도 한다.

이때 무엇보다 검증된 시공업체를 선택하는 것이 중요하다. 처음엔 웃으면서 시작했다가도 공사 과정에서 마음에 들지 않거나 바꾸고 싶을 때도 있고, 추가 공사비 등의 문제로 건축주와 업체 간 분쟁이 발생하는 경우가 비일비재하기 때문이다. 이런 일들을 무리 없이 처리하고 사후 관리를 제대로 해주는 곳이라야 맘고생이 덜하다. 그래도 판단이 서지 않는다면 실제 집을 지은 사람의 조언을 참고한다. 일종의 평판 조사인 셈인데 맘에 드는 집이 있다면 주인을 만나 시공업체와 공사를 진행하는 과정에서 궁금한 점이나 만족도 등을 물어보고 결정하는 것도 방법이다.

만약 건축가에 대한 신뢰가 확고하다면 건축가가 추천하는 업체를 선택해도 괜찮다. 건축가가 추천했다면 그만큼 호흡이 잘 맞는 업체일 것이고, 시공 과정에서 의견 조율이 쉬울 수 있다.

평당 건축비를 전체 집 짓기 비용으로 오해하지 마라!

많은 사람이 궁금해하는 것이 평당 건축비다. 그런데 시공사에서 말하는 단순 건축비만 생각하고 집을 짓겠다고 나서면 낭패를 보기 쉽다. 통상 시공사에 지불하는 건축비란 대지 기준이 아니라 건물 본체를 짓는 데 드는 비용만을 의미한다. 이것을 총 공사 비용이라고 착각하는 일이 없어야 한다.

집을 지으려면 대지 구입 비용과 취·등록세, 건축 인·허가비, 집을 지을 수 있도록 땅을 다지는 토목공사비, 수도와 전기 등을 연결하는 데 드는 인입비, 시공사에 내야 하는 부가세, 산재보험료 등이 들어가는데 이는 모두 시공사에 지불하는 건축비와는 별도다. 이 뿐만 아니라 집을 짓다 보면 더 좋은 자재에 대한 욕심은 물론 가구, 조명, 가전제품을 바꾸고 싶은 마음이 생기게 마련이다. 이럴 경우 당연히 비용은 더 늘어날 수밖에 없다. 여기에 공사하는 동안 지낼 거처를 따로 마련해야 한다면 임차료, 등기와 이사 비용 등 소소하게 들어가는 돈이 한두 푼이 아니다. 따라서 순수한 건축비와 함께 이러한 각종 부대비용을 포함한 총 건축비 개념으로 예산을 잡아야 한다. 실제로 집을 지은 사람들이 시공사에서 말하는 평당 건축비의 50% 정도를 추가로 준비하라고 말하는 것도 그런 이유에서다.

가령 30평짜리 집을 짓는 데 순수 건축비가 1억 원이라면 총 비용은 1억 5000만 원 정도로 잡으라는 것이다. 시공사 입장에서야 평당 건축비가 300만 원이지만 건축주 입장에서는 500만 원으로 계산하는 것이 맞다. 단순히 표면적인 건축비만 생각하고 시작했다가 생각지도 않던 비용이 하나둘 생길 때 받는 스트레스는 실로 엄청나다. 설계할 때부터 이런 비용까지 건축비에 포함해 꼼꼼하게 계획을 세워야 뒤탈이 없다.

대략적인 평당 공사비와 공사 기간은 어떻게 되나?

평균 수준이라고 해도 사람마다 원하는 수준이 다르고 여러 가지 변수가 있다. 조경에 큰 욕심을 내지 않고 값비싼 수입 자재나 가구를 사용하지 않는다고 가정했을 때, 30~40평대 목조주택이라면 평당 건축비는 450만~500만 원 정도면 합리적인 수준이다. 공사 기간 역시 변수가 있지만 건축 인·허가와 설계 기간을 제외한 순수 시공 기간은 3개월 내외로 잡으면 무리가 없다. 예상치 않게 한 달 내내 비나 눈이 와서 장기간 공사를 진행할 수 없는 경우가 아니라면 말이다. 때때로 집을 한 달 안에 지었다고 하는 경우도 있지만 이는 일반적인 조건에서는 쉽지 않거니와 공사 기간이 짧다고 꼭 좋은 일도 아니다. 몇 십 년을 살 집인데 무엇보다 튼튼하게 짓는 것이 우선이다.

추가 비용을 최소화하고 예산대로 지으려면?

설계에 공을 들일수록 시공이 쉽다. 설계도와 시방서까지 나오면 시공 방법과 자재까지 모두 결정이 되기 때문에 시공 과정에서 변수가 줄어들 수밖에 없다. 건축가와 건축주가 함께 전체적인 체크리스트를 작성하는 것도 좋은 방법이다. 많은 사람이 집을 짓다 보면 시공사의 견적에서는 보이지 않던 비용이 툭툭 튀어나와 당황스럽다고 한다. 그런데 엄밀히 따지면 추가 비용이 아니라 어차피 지출할 비용을 건축주가 미리 챙기지 않은 것이다. 전체적인 공정에서 표면적인 항목뿐 아니라 견적서상에 보이지 않는 부분까지 검토해 체크리스트를 만들고, 그에 따라 예산을 계획한다면 추가 비용을 줄일 수 있다. 가장 이상적인 것은 건축가와 시공사가 사전 미팅을 충분히 하는 것이다. 그 과정에서 건축가는 시공사에, 시공사는 건축가가 놓칠 수 있는 비용 절감 방법을 주고받을 수 있다. 그렇게 해서 예산을 세우면 실제 시공 과정에서 견적 변화의 폭이 좁다. 시공에 대한 이해가 있는 건축가, 설계에 대한 이해가 있는 시공사라면 더없이 좋은 조합이라 하겠다.

건축주들이여, 제발 이것만은 알고 시작하라!

건축에 대한 전문 지식이나 철학은 없어도 상관없다. 하지만 적어도 집을 지을 땐 자신이 좋아하는 것이 무엇인지는 알고 시작해야 한다. 음식에 비유하자면 스테이크를 좋아하는지 김치찌개를 좋아하는지 정도는 스스로 알아야 한다는 뜻이다. 그랬을 때 어떤 재료와 양념으로 어떻게 맛있게 조리할지 제시하는 것이 건축가의 역할이다. 자신이 좋아하는 것 자체를 건축가가 찾아주기는 어렵다는 말이다. 반면 가진 예산이 적더라도 좋아하는 바가 명확하면 방법은 찾을 수 있다.

또 하나, 건축가만 만나면 다 될 거라는 지나친 낙관도 경계할 것. 예컨대 예산은 정말 적은데도 외국 잡지에 나온, 누가 봐도 값비싼 작품 같은 집처럼 해달라는 식으로 접근해서는 답이 없다. 오히려 그런 상황에서 해주겠다는 건축가라면 재고의 여지가 있다. 현실을 직시하고 가능한 것과 그렇지 않은 것을 정확하게 구분해주는 것도 건축가의 역할인데, 일단 계약부터 하고 보자는 심산으로 달려드는 건축가라면 나중에 문제가 생기게 마련이다. 거듭 강조하지만 한번 지으면 쉽사리 허물고 다시 지을 수 없는 것이 집이다. 건축가를 선정하는 과정에서 만날 때는 정말 내 집을 맡길 만한 건축가인지 살피고 판단하는 기준을 갖는 것이 중요하다.

5 책 속의 집주인들이 전하는 이것만은 꼭!

집도 나이가 든다

주택은 외부와 접한 면이 넓어 비, 눈, 바람 등에 의한 자연적인 변형이 생기게 마련이다. 그래서 계절이 바뀌고 해가 바뀌면 관리할 부분도 많아진다. 하지만 지속적인 관리는 하되, 사람이 나이 들어 늙는 것처럼 시간이 지나면 집도 나이 든다는 사실을 인정해야 한다. 그렇지 않으면 스트레스만 늘고, 주택에 사는 것이 오히려 고통이 될 수도 있다.

집 관리를 일로 여기지 마라

주택에서는 할 일이 정말 많다. 유리창도 닦아야 하고, 햇빛을 받아 색이 바랜 덱에 페인트칠도 해야 하고, 종묘상에 나가 마당에 심은 나무에 뿌릴 약도 사와야 한다. 그런 모든 것을 해치워야 할 일로만 생각하면 한도 끝도 없다. 집이 주는 잔재미를 최대한 즐겨라.

내가 꿈꾸는 집을 사각형 안에 가두지 마라

살고 싶은 집을 그리라고 하면 많은 사람이 일단 큰 직사각형부터 그린다. 그러고는 그 안에 공간을 채워 넣는다. 아파트에 대한 경험 때문이다. 단독주택을 짓는다면 꿈꾸던 공간, 정말 필요한 공간을 먼저 생각하고 그것들을 이어나가는 방식이어야 한다. 그래야 내 삶에 최적화된 집이 완성된다.

건축 관련 책을 꼭 읽어라

건축가가 쓴 책을 꼭 읽기 바란다. 또한 관련 서적을 읽다 보면 어떤 집이 좋은 집인지, 실제로 적용할 만한 공간 아이디어 등을 얻을 수 있다. 내 삶에 딱 맞는 집을 구체화하는 것은 물론 집 지을 마음의 준비를 하는 데도 확실히 도움이 된다.

삶의 공간을 주체적으로 만들 충분한 시간을 투자해라

집에서 가족들의 지금 이야기를 만들어가는 행복을 놓치지 않기 바란다. 현재를 담보로 미래의 행복을 추구하는 것이 언제나 정답은 아니다. 그런 점에서 내 삶의 공간을 주도적으로 만들어가는 시간은 꼭 필요하다. 누군가 일방적으로 만들어주는 집이 아니라 자신의 필요에 의해 만드는 집이 바로 가치 있는 집이다.

주택을 상업 공간으로 활용하려면?

정말 쓸모 있는 공간이라면 용기를 내라
집과 일터가 한곳에 있으면 사생활 노출에 대한 부담이 크다. 따라서 가족들의 이해가 가장 중요하다. 그리고 아무리 생각해도 그것이 내게 꼭 필요하고 쓸모 있는 공간이라면 과감하게 용기를 내라. 그만한 가치는 충분하다.

나만의 콘텐츠가 있다면 단독주택만큼 좋은 상업 공간도 없다
집의 일부를 일터로 만들 때 나만의 콘텐츠가 분명하다면 유행에 휘둘릴 이유가 없다. 너무 상업적이지 않은 분위기, 누구네 집에 놀러온 것 같은 편안함이 경쟁력이 될 것이기 때문이다.

나를 내보이는 것이 부담스럽다면 다시 생각하라
일하는 공간과 생활공간이 하나일 때는 내 삶이 공개되는 걸 어느 정도 감수해야 한다. 집에서 입는 옷을 입고도 편안하게 손님을 맞을 수 있어야 하고, 밥을 짓는 것처럼 편한 마음으로 커피를 볶을 수 있어야 가능한 일이다. 그렇지 않다면 다시 생각해보라.

확실한 목적을 만들어라
왜 주택이어야 하는지에 대한 목적을 명확히 정해야 한다. 분명한 이유와 마인드가 있다면 위치 선정과 공간의 콘셉트는 자연스럽게 따라오게 마련이다. 아마 자신이 가장 잘 알 것이다. 아직 그것이 막연하다면 조금 더 구체화한 다음 실행하는 것이 낫다.

예쁜 것보다 안전성, 시공 가능성이 먼저다
오래된 주택은 겉보기와 달리 뜯어봐야 안다. 더구나 주택을 상업 공간 혹은 작업실로 활용하려면 예쁜 것만 생각해서는 안 된다. 현실적으로 불가능하거나 돌발적인 변수도 속출하기 때문이다. 따라서 처음부터 디자이너와 시공 전문가가 긴밀하게 협업하는 것은 필수.

꼼꼼하게 실측하라
살림집을 상업 공간으로 개조하려면 구조변경이 가능한 범위를 확인해야 한다. 이때 각 방을 실측하는 것은 필수. 줄자로 재보고 대형 기계가 들어갈 위치까지 확인한다. 구조변경을 최소화할 수 있는 집이라야 공사 비용도 줄일 수 있다.

누구나 꿈꾸는 집

현실의 집   셋 :

사람들이 꿈꾸는 집은 울림이 있는 집이다. 웅장한 카리스마를 내뿜으며 기세등등한, 감정 없는 집이 아니다. 크기에 연연하기보다 자연과 사람과 공간을 배려한 집, 돈 되는 상품으로서가 아니라 그곳에 사는 사람의 삶과 가족의 추억이 담긴 집, 그래서 아름다운 집이다. 집과 자연이, 집과 사람이 하나로 보이는 집이다. 과연, 나는 집에 무엇을 담을 것인가 깊이 자문하게 하는 집이다. 당신은 어떤 집을 꿈꾸고 있나?

살고 싶은 집을 그리라고 하면

많은 사람들이 큰 직사각형부터 그린다. 다들 아파트 경험 때문이다.

단독주택을 짓는다면 정말 꿈꾸던 공간을 먼저 생각하고

그것들을 이어나가는 방식이어야 한다.

입지적 한계는 오히려 득이 될 수 있다!

설계가 돋보이는

언덕 위의 집

서울 신교동　　　　　　　　　　　이성수·석상희 씨네

가족 구성	3인(부부, 자녀 1명)
대지 면적	287m²
연면적	157m²(1층 88.3m², 2층 52.2m², 지하 16.5m²)
형태	지하 1층 지상 2층 시멘트벽돌조
공간 구성	1층_ 거실, 주방, 방 2개(다실, 게스트룸), 욕실 2층_ 부부 침실, 자녀방, 욕실, 야외 테라스
공사 범위	구조변경 포함한 리모델링 및 증축
입주 시기	2010년
설계	건축가 이호중

건물 **48** 평

대지 **87** 평

신교동 언덕 꼭대기에 자리한 이성수·석상희 씨의 집 1층 거실에서는 멀리 남산이 바라다보인다. 고지대이지만 주변에 높은 건물이 없고 담장과 대문도 낮아 시야를 가리지 않는다는 점이 이 집의 가장 큰 매력이다.

집, 싸게 사서 멋지게 짓고
폼 나게 즐기다

높은 지대에 있는 단독주택이라고 하면 두 가지 이미지가 교차한다. 내로라하는 부촌이거나 다가구주택이 오밀조밀 몰려 있는 산동네이거나. 그런데 신교동 언덕 꼭대기에 위치한 이성수·석상희 씨의 집은 좀 다른 느낌이다. 멋진 집이지만 여느 저택처럼 바깥과의 단절을 선언하듯 높다란 대문과 담장을 둘러치지 않았고, 집까지 오르는 골목길은 오래된 동네 특유의 살가운 정취를 품고 있다. 차 한 대 빠듯이 지나갈 정도로 좁은 골목길의 끝 축대 위에 자리 잡은 집 마당에 서면 주변에 거치적거리는 건물 하나 없이 남산, 인왕산, 북한산, 북악산이 두루 시야에 들어온다. 1970년대에 지은 전형적인 슬래브집이었던 이곳은 개발제한구역이라 객관적인 조건은 그리 좋은 편이 아니다. 신축은 불가능하고 리모델링에도 여러 가지 제약이 따르기 때문이다. 하지만 그런 장애 요소 때문에 아랫동네보다 싼값에 집터를 구할 수 있었고, 욕심껏 건물을 넓히지 않아 서울에서는 드물게 그림 같은 전망을 품을 수 있었다.

거실 뒤쪽에 자리한 주방과 보조 주방.

현관 밖 공간 일부를 중정처럼 꾸몄다.

메인 창과 측창을 통해 전망을 즐길 수 있는 1층 거실.

거실 한쪽 벽면에 장식을 겸한 수납장을 짜 넣었다.

다실과 2층으로 오르는 계단 사이 자투리 공간을 활용한 갤러리 월.

마당 있는 집을 찾아 윗동네로

이성수·석상희 씨 부부는 오랫동안 강남의 아파트에서 생활하다 공기 좋은 곳을 찾아 남양주로 옮겨 살았다. 그런데 남편 회사가 이 근방으로 이전하면서 남양주에서 서울까지 출퇴근하는 것이 여간 불편한 게 아니었다. 그러다 매일 경복궁 옆 돌담길을 오가면서 왠지 모를 여유와 상쾌함에 매료되었다. 서울에도 이런 곳이 있나 싶게 한적하고 여유 있는 동네가 좋아 사무실 근처로 이사하기로 했다. 처음부터 근사한 단독주택을 욕심낸 건 아니었다.

"워낙 아파트 생활에 익숙했으니까 주변에 적당한 아파트를 알아봤죠. 그런데 마땅한 아파트도 없고 해서 어쩔 수 없이 주택을 계약하게 됐어요. 주택이긴 해도 관리할 게 별로 없는 집이라 아파트처럼 쓸 수 있겠다 싶었거든요. 다락방이 있는 4층짜리 마당 없는 단독주택이었는데 1층은 필로티를 세워 주차장을 만들어놔서 주차 문제도 해결되고 사무실까지 걸어 다닐 정도로 가깝고 평지에 큰길가여서 교통도 편했어요. 지은 지 얼마 되지 않았을 때라 나름 예쁘고 깔끔했고요. 관리실이 없다는 것 말고는 큰 불편 없이 몇 년을 살았어요. 그런데 살다 보니까 상추라도 심고 작게 잔디라도 있는 마당 욕심이 생기더라고요."

단독주택 생활의 잔재미를 맛보고 싶어진 것이다. 그러나 평지에서 원하는 집을 찾기는 어려웠다. 이 동네는 고만고만한 집들이 많은 데다 마당 있는 집이 있다 해도 기본적으로 대지가 넓어 가격이 만만치 않았기 때문이다. 마당 있는 집을 찾다 보니 여기까지 올라오게 되었다고. 이 집은 부부가 동네 산책을 다니면서 일찌감치 마음에 점찍어두었던 곳. 매물로 나왔을 때는 이미 다른 사람과 계약이 진행되고 있는 터라 마음을 접어야 했는데 인연이 되려고 그랬는지 그것이 무산되면서 갑작스럽게 이들 차지가 되었단다. 언덕 꼭대기이긴 하지만 주변에 높은 건물 없이 탁 트인 경치가 너무 좋아 단박에 계약을 했다. 좁은 골목길을 올라와야 하는 불편함 때문인지 땅값도 평지보다 저렴했고, 집이 낡긴 했지만 적당히 고쳐서 살면 될 것 같았다. 위치에 반해 덜컥 계약을 했는데 막상 고치려고 보니 생각보다 노후 정도가 심해 마음 같아서는 신축하면 딱 좋을 것 같았다고. 하지만 공원 지역이라 예상하지 못한 제약이 많았다. 당연히 신축은 안 되고 고도 제한 때문에 층수를 올리기도 쉽지 않은 데다 증축을 한다 해도 15평 정도였다. 공사 시작 전 구청에서 관련 서류를 처리하는 데만 3개월이 걸렸고 눈도 많이 와서 공사 기간도 6개월 정도 걸렸다. 하지만 불리할 것 같았던 제약들은 오히려 긍정적인 요소가 되었다.

1층 주방 옆 다이닝룸. 벽면을 강화유리로 마감해 마당 풍경이 반사된다.

가운데를 오목하게 처리해 자연스럽게 좌식 공간이 된 2층 덱.

마당에서 거실을 바라본 모습.

2층에서 내려다본 마당.

현관으로 들어오는 좁은 외부 통로.

서울 풍경이 파노라마처럼 펼쳐지다

거의 신축에 가까웠던 까다로운 작업은 건축가 이호중이 맡았다. 몇 개월에 걸친 리모델링 끝에 낡은 슬래브집은 완전히 새롭게 바뀌었다. 무엇보다 법적으로 철거할 수 없는 기둥과 벽면을 보존하면서도 언덕 위 꼭대기라는 입지적 조건을 최대한 살린 점이 포인트. 이 집에서 놓칠 수 없는 것이 전망인데 이것을 층별로 변화감 있게 담아낸 것이다. 우선 30평 남짓 되는 1층은 남산을 바라보고 있다. 주변에 높은 건물도 없고 담장과 대문도 낮아 시야를 가리지 않는 데다 거실 한쪽 면에 커다란 창을 내어 마당에서 남산까지 서울의 풍경이 한눈에 들어온다. 흥미로운 것은 통창 대신 프레임이 있어 폭이 나뉘는 창을 설치한 점이다. 덕분에 단순한 한 장의 그림이 아니라 여러 폭이 파노라마처럼 이어진 병풍 같은 풍경을 감상할 수 있다. 또한 곳곳에 가로로 긴 창과 부분적으로 거울을 붙여 집 안 어디서나 풍경화를 보는 느낌이다.

인테리어 역시 자연스러운 풍광과의 조화를 중시한 흔적이 엿보인다. 주방에서 2층 계단으로 연결되는 벽은 여러 가지 나무 패널을 연결해 자연스러운 스트라이프 패턴이 만들어졌고, 벽면 가운데 공간을 일부 비워 주방에서 음식을 하면서도 외부 조망이 가능하도록 했다. 2층으로 오르는 계단 옆의 다실은 건축가의 제안으로 새롭게 만든 공간. 이곳엔 벽면 안쪽에 다기 크기에 맞춘 수납장을 짜 넣고 찻상을 마주하고 앉았을 때의 눈높이에 작은 창을 냈다. 이 작은 창밖으로 보이는 담에는 기와 문양을 새겨 넣어 담담한 분위기를 연출했다. 마당 쪽으로는 거실과 마찬가지로 커다란 프레임의 창이 나 있어 손님이 오면 다실 앞 마당에서 바비큐를 하고 들어와 차를 마신다고 한다.

작은 거실을 대신하는 또 하나의 공간인 셈이다. 원래 옥탑방 하나 덩그러니 있던 2층은 15평 정도로 증축해 복도를 중심으로 양쪽 끝에 부부의 침실과 중

2층 복도에서 바라본 안방. 2층은 복도를 중심으로 안방과 자녀방이 마주 보고 있다. 복도 벽면에는 거실과 같은 스타일의 오픈형 수납장을 설치했다. 2층은 1층과 다른 방향의 풍경을 끌어들여 북악산과 인왕산을 넓게 바라보도록 했다.

학생인 둘째 아들의 방이 마주 보고 있다. 1층보다 좁은 2층은 공간 배치를 달리함으로써 다른 방향의 풍경을 끌어들였다. 1층의 메인 조망이 남산이라면 2층은 인왕산과 북악산을 넓게 바라보도록 한 것. 안방과 아이방은 물론 화장실에 앉아서도 겹겹이 펼쳐지는 산세와 궁궐, 청와대까지 한눈에 보이니 아침은 아침대로, 밤은 또 밤대로 운치 있고 고즈넉하다고. 법적인 제한 때문에 실내로 들이지 못한 외부 공간에는 덱을 깔고 가운데를 움푹 파서 테이블과 의자 없이도 머물 수 있는 야외 공간을 만들었다. 해가 이울고 바람 선선한 날 앉아 있기 좋은 보너스 공간이다. 철거할 수 없는 벽면을 오픈 수납장이나 파티션으로 활용한 것도 한계를 아이디어로 극복한 아이디어 중 하나다.

"이 집을 선택했을 때 주변에서 왜 굳이 평지 놔두고 꼭대기까지 가느냐고들 했어요. 맘대로 지을 수도 없고 잘 팔리지도 않을 곳에 왜 가느냐는 거죠. 저는 사람들이 선호하는 강남 아파트에도 살아봤고 공기 좋은 곳 찾아 외곽으로도 나가봤잖아요. 차 막히고 공기가 안 좋거나 출퇴근하기가 너무 힘들더라고요. 집값 오르는 거 마다할 사람 없지만 오직 그거 하나 바라보면서 다른 불편함을 안고 살고 싶지는 않았어요. 집, 사무실, 학교까지 걸어 다닐 수 있고 서울이면서도 조용하고 공기 좋고 이 정도의 풍경을 누릴 수 있으면 최고의 호사라고 생각합니다. 여기서 더 바라는 건 욕심이죠. 물론 좋은 풍경을 즐기자면 유리창도 닦아줘야 하고, 눈이 오면 비탈길에 쌓인 눈도 쓸어야 해요. 그리고 여기에도 적지 않은 비용이 들어갔지만 노후에 살 곳을 조금 일찍 마련했다고 생각합니다."

결혼 후 20년이 걸려 찾은 집. 이들은 이제야 마음 편한 집을 얻었다고 말한다. 실내 면적만 보자면 예전에 살던 아파트나 이 동네에서 처음 살았던 주택보다 좁아졌지만, 이들이 누리는 공간감은 한없이 넓어졌다. 마당이 생겼고 동서남북으로 드넓은 산세와 서울 풍경을 넉넉히 품었으니 말이다. 이 집에 높은 담도, 폐쇄적인 대문도 필요 없는 이유를 알 것 같다.

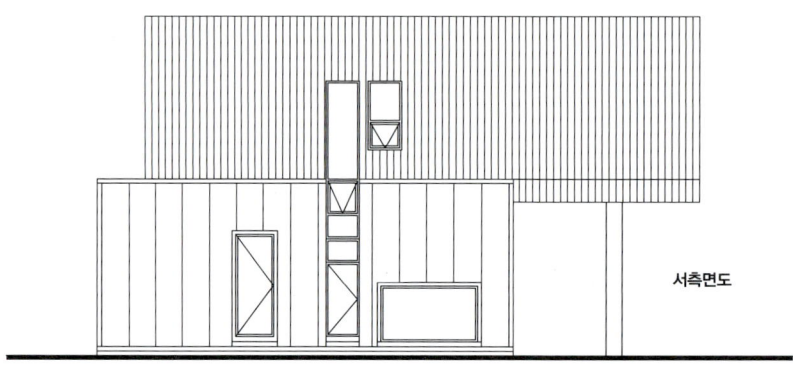

서측면도

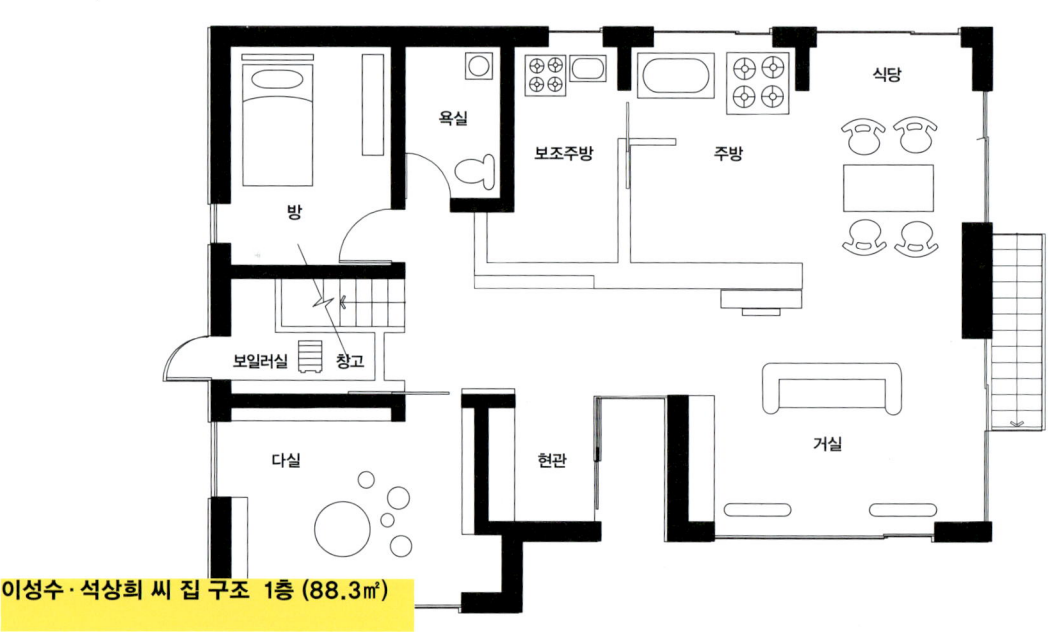

이성수·석상희 씨 집 구조 1층 (88.3㎡)

입구에 원색으로 포인트를 준 1층 욕실.

건축가의 제안으로 만든 1층 다실.

거실 넓은 창으로는 남산을, 측면의 작은 창으로는 인왕산과 북악산까지 두루 볼 수 있다.

2층 (52.2㎡)

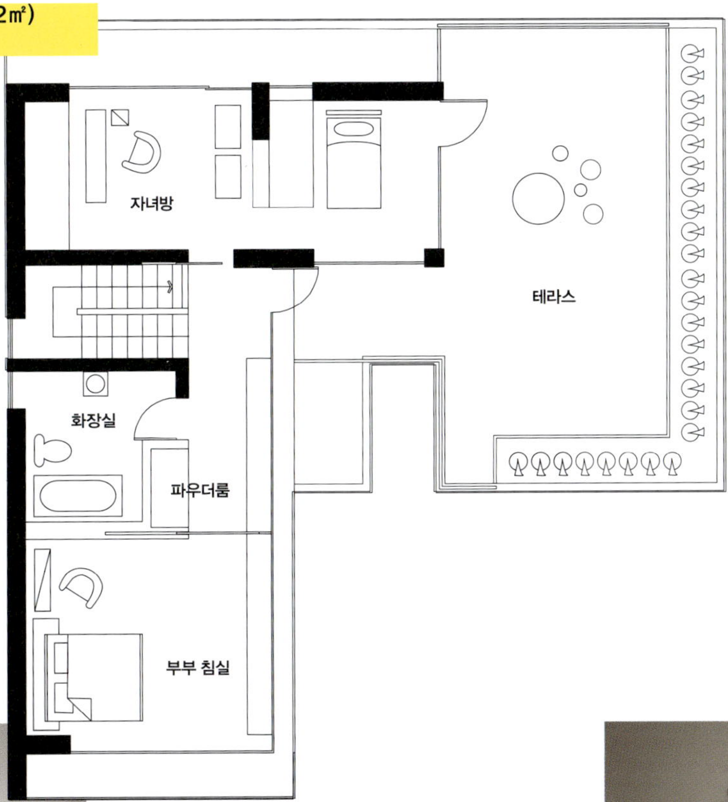

자녀방
테라스
화장실
파우더룸
부부 침실

수납장을 겸한 기둥을 중심으로 자녀의 침실과 공부방이 나뉘었다.

2층 부부 침실. 침대 머리맡 거울을 통해서도 풍경을 조망할 수 있다.

집이 곧, 그 집에 사는 사람이다!

집,
너는 무엇이냐?

철학이 있는 집

남양주시　　　　　송승훈·이상용 씨네

건물 **57** 평
대지 **250** 평

가족 구성	2인(부부)
대지 면적	825m²
연면적	189.8m²(1층 102.7m², 2층 87.1m²)
형태	지상 2층 철근콘크리트
공간 구성	1층_ 거실, 주방, 방 2개, 욕실, 다용도실, 툇마루 4곳
	2층_ 부부 침실, 큰서재, 복도 서재 2곳, 욕실, 안마당, 뒷마당
	외부 공간_ 옥상, 마당
공사 범위	신축
입주 시기	2005년 대지 구입, 2007년 입주
설계	건축가 이일훈
시공	자담건설

2층에서 문을 열고 나가면 만나게 되는 옥상. 이 집에는 미로처럼 나누어진 옥상이 여럿이다. 그늘진 곳이 있는가 하면 햇살 받으며 일광욕하기 좋은 곳도 있다.

현관 입구에서 바라본 마당은 잔디를 입히지 않은 거친 흙마당이다. 관상용 나무 대신 먹을 수 있는 채소와 과실수를 심어 실용적인 공간으로 활용한다. 위로 보이는 공간이 2층 서재로 가는 복도와 안마당이다.

시멘트로 지은
한옥

집은 그곳에 사는 이의 삶을 대변한다는 말을 습관처럼 하고 또 그만큼 많이 듣는다. 송승훈·이상용 씨의 집에서는 막연하게만 들리던 이 말을 눈으로 확인하게 된다. 고등학교 국어교사인 송승훈 씨는 광릉수목원 근처 자신이 근무하는 학교 뒷산에 '시멘트로 지은 한옥'을 한 채 세웠다. 기와를 얹은 고풍스러운 한옥이 아니라 거친 느낌의 노출 콘크리트와 벽돌로 지은, 한옥의 생활 방식을 적용한 집이다. 또한 바람이 잘 통하고, 집 안뿐 아니라 밖으로 나가 활동하게 하며, 혼자가 아니라 손님들과 함께 쓰는 집이다. 집주인이 꿈꾸던 바를 충실히 반영한 까닭이다. 하여 이 집에서는 몇 평인지, 평당 건축비가 얼마인지보다 공간의 쓰임새와 의미에 주목할 일이다. 무엇보다 집을 짓기까지 집주인이 어떤 고민과 준비를 하고 집을 어떻게 활용하는지 보고 또 듣노라면 집의 가치니 삶의 공간이니 하는 말들이 뜬구름 잡는 얘기가 아니라 직시해야 할 현실임에 공감하게 된다. 자신의 삶에 꼭 맞는 집을 만들어가는 방법도 배울 수 있다. 집을 재테크 수단으로만 여길 때는 배려하지 않았던, 집에 대한 예의라는 것을 생각하게 하는 집이다. 따라서 이 집에선 각각의 공간을 대충 눈으로만 훑어보아서는 그 매력을 제대로 느낄 수 없다. 방은 왜 멀찌감치 떨어져 있고, 창은 왜 작은지, 왜 밝은 조명이 없는지 듣다 보면 집에 대한 새 시각을 경험할 수 있다.

10년치 건축 잡지, 수백만 원어치 책, 현장 답사, 그리고 건축가와의 깊은 교감

처음부터 집을 지을 생각은 아니었다. 적당한 집을 살 요량으로 이 집 저 집 돌아다녀보니 아름다운 집이 제법 많았다. 적어도 밖에서 보았을 때는 감동을 주는 집들이었다. 그런데 안에 들어가면 밖에서 느꼈던 감동이 사라지더란다. 겉에서 보는 시선만 신경 쓰고 정작 그 안에 사는 사람을 배려하지 않아 답답했다고. 예를 들면 이런 것이다. 밖에서 보면 더없이 예쁜 집인데 안에 들어가면 바람이 통하지 않아 미칠 듯이 덥다거나, 밖에서 보면 그림처럼 예쁜 다락방 창이 정작 안에서는 밖을 내다볼 수 없는 장식용 창이라거나, 멋진 유리벽으로 된 건물인데 실상 안에서 근무하는 직원들은 눈이 부셔 일하기 힘들고 창과 창 사이가 멀어 환기가 안 된다거나. 그런 경험을 하면서 집을 짓기로 결심하고 1년 가까이 걸려 찾은 곳이 학교 바로 뒤 지금의 터다. 집을 짓기 전 먼저 한 일은 최근 10년치 건축 잡지를 섭렵하고 건축과 집에 관한 책을 사서 읽는 것이었다. 책값만도 200만 원은 들었다 하니 그 노력과 에너지가 대단하다. 뭔가 많이 넣어 거창한 집을 짓겠다는 포부가 있어서가 아니다.

"어떤 일을 시작할 때 저 나름의 접근 방식이에요. 특히나 집을 짓는 일은 잘못했을 때 비용 손실이 크기 때문에 사전에 준비를 꼼꼼히 해야 합니다. 잘 모르는 분야에 대해 알려고 할 때 비용이 제일 적게 들면서도 확실한 것이 책입니다. 주변 사람에게 어깨너머로 듣고 인터넷에서 얻은 정보는 고급 정보가 아닙니다."

여러 권의 책을 읽으면서 건축가의 존재를 알고 자신이 꿈꾸는 집을 구현해줄 건축가를 찾았다. 그렇게 해서 인연을 맺은 이가 건축가 이일훈이다. 이때부터 건축가가 지은 공간을 답사하고 건축가와 지난한 소통을 하면서 책에서 읽은 내용을 제대로 이해할 수 있었다. 눈으로만 보던 공간을 몸으로 느끼기까지 독서와 현장 답사, 건축가와의 대화는 가장 큰 도움이 되었다. 그 과정에서 그가 생각하던, 전통을 계승한 친환경적인 집이란 단지 재료와 겉모양의 문제가 아니라 공간의 구조와 사는 방식의 문제라는 것도 깨달았다. 건축가의 건축철학인 '채나눔'에 대한 공감과 이해의 폭이 넓고 깊어졌음은 물론이다. 이는 바람이 잘 통하는 집, 밖에서 활동하기 좋은 집을 꿈꾸던 집주인의 생각과도 닿아 있었다. 집주인이 블로그에 올린 글을 보면 그것이 어떻게 구현되었는지, 왜 이 집을 시멘트로 지은 한옥이라고 하는지 그 이유를 짐작할 수 있다.

'저희 집은 시멘트로 지은 한옥입니다. 방과 방이 멀찍이 떨어져 있고, 한 방에서 다른 방으로 가려면 방을 통과해 가야 하는 부분이 있습니다. 그리고 마루가 있어서 실내에서만 살지 않고 집 안이면서 바깥공기를 쐬는 공간이 있습니다. 잔디를 입히지 않은 맨 흙바닥인 마당이 있어서, 사람들이 마루에 앉았다가 마당으로 왔다갔다 하면서 일을 할 수가 있습니다. 그리고 방과 방이 겹쳐 있지 않고, 한 겹으로 되어 맞창이 나 있는 홑집 형태입니다. 모든 창에는 처마가 적당히 나 있어서 뜨거운 여름 수직으로 내리쬐는 햇빛을 차단하고 추운 겨울날 낮게 비치는 햇볕은 집 안으로 깊게 받게 되어 있습니다.'

또 하나 놀라운 것은 건축가와 주고받은 엄청난 양의 편지다. 건축가를 만나고 돌아오는 길에 놓친 이야기가 있어 e메일을 보낸 것을 계기로 집을 짓기까지 2년여간 오간 편지가 무려 200페이지 분량. 자신이 살고 싶은 집에 대한 상을 만들고 구체적인 집의 구조와 재료를 정하는 과정이기도 했다. 건축가와 집주인이 나눈 속 깊은 대화는 책으로도 출간될 예정이다.

2층의 옥상과 옥상을 잇는 좁은 통로.

2층 계단 건너편에 복도 겸 서재가 있다.

2층 좁고긴방 뒷문과 연결된 복도 겸 서재.

2층 복도는 바닥을 경사지게 하고 양쪽 벽면을 책장으로 활용했다.

거실에서 2층 서재로 올라가는 계단.

계단에서 바라본 거실과 2층 복도 서재. 거실 천장이 뚫린 복층 구조다.

책과 함께 꿈꾸는 집, 끊임없이 밖으로 나가도록 유도하는 집

그는 학생들에게 즐겁게 책 읽고 글 쓰는 방법을 가르치고 독서교육 모임을 통해 스스로도 끊임없이 공부한다. 그의 집에서 가장 큰 비중을 차지하는 것 역시 책이다. 건축가는 서재가 이 집의 중심부가 되도록 설계했다. 흥미로운 것은 서재가 어디 한 군데가 아니라는 점이다. 1층엔 방 두 개가 멀찌감치 떨어져 있고 작은 주방과 거실이 있는데, 거실에서 2층 계단을 따라 올라가면 여기서부터 크고 작은 서재와 만난다. 계단에 올라 왼쪽으로 돌면 바닥이 경사진 복도가 나오고 양쪽 벽면에 나란히 책이 꽂혀 있다. 여기서부터는 뭔가 중요한 장소로 진입하는 것처럼 은근한 긴장감이 느껴지기도 한다. 복도 끝 문을 열면 책상과 컴퓨터가 놓인 작은 서재고, 여기서 다시 왼쪽으로 꺾어지면 높은 아치형 천장이 인상적인 큰서재다. 이곳엔 건축가가 직접 디자인한 책꽂이에 책이 가득해 책과 함께 꿈꾸는 집이라는 말이 무색하지 않을 정도다. 천장 위 공간에 다락방처럼 누마루를 만들어 사다리를 타고 오르내리도록 한 것도 흥미롭다. 마치 성당에라도 온 듯 경건함이 감도는 이곳은 무늬만 근엄한 서재가 아니라 공부하는 교사들에게 기꺼이 내주는 열린 공간이다.

서재에서 왼쪽으로 난 문을 열면 집주인 부부의 방이고, 여기서 다시 방 끝으로 난 문을 열고 나가면 기다란 책상과 책들이 쌓여 있는 복도 겸 서재다. 건너편에 조금 전 지나온 계단이 보이고 2층까지 뚫린 거실도 내려다보인다. 그러니까 ㄷ자로 꺾어지는 2층은 모두 책으로 연결되는 동선이다. 설렁설렁 슬쩍 봐서는 알 수 없는 미로 같은 구조다.

그렇다고 사람을 실내에만 붙잡아두는 집은 아니다. 집주인이 원한 대로 끊임없이 바깥으로 나가도록 유도한다. 대표적인 것이 2층의 옥상과 안마당, 그리고 1층의 툇마루다. 2층 좁고긴방 옆 복도와 연결되는 옥상은 하나가 아니라 여럿이다. 좁은 시멘트 벽 통로를 사이에 두고 한쪽은 볕이 들지 않는 그늘진

잔서완석루의 심장부라 할 수 있는 2층 서재는 사람들에게 열린 공간이다. 특히 아치형 천장과 사다리를 타고 올라가는 누마루가 인상적이다. 화려한 조명 대신 간접등과 작은 창을 통해 들어오는 빛이 오히려 책에 집중하게 하는 공간이다. 책꽂이는 나무와 숲이라는 의미로 건축가가 직접 디자인한 것이다.

옥상이고, 반대편은 일광욕을 해도 좋을 만큼 눈부신 햇살이 쏟아지는 옥상이다. 안마당에서 계단을 타고 올라가면 또 다른 너른 옥상이 있다. 툇마루도 4개나 되어 거실에서, 방에서, 복도에서 문만 열고 나가면 바깥공기를 호흡할 수 있다. 특히 그가 좋아하는 곳은 거실과 붙어 있는 남쪽 마루다.

"얼굴은 그늘에 두고 다리는 햇빛 드는 쪽으로 두고 누워서 책을 읽거나 공부하기 좋은 곳이에요. 파김치가 되어 퇴근하고 돌아왔을 때 이 마루에 앉아 있으면 큰 위안이 되기도 하고요. 손님이 오면 여기서 고기도 굽고 식사도 합니다. 아무리 실내를 잘 꾸며도 바깥보다 쾌적하지는 않아요. 보통 바깥에 덱을 까는 경우가 많은데 덱은 실내 공간으로 인식되지 않지만 툇마루는 실내 공간처럼 쓸 수 있어 훨씬 좋습니다. 특히 장마 때 여기 앉아 있으면 호강한다는 생각이 절로 들어요. 툇마루와 처마는 큰돈 들이지 않고 설치할 수 있고 쓰임새도 많아 집 지으려는 분들께 꼭 추천하고 싶은 공간입니다."

사람들에게 열린 집, 포장하지 않은 집

이야기를 들을수록 집 주인의 삶의 방식에 꼭 맞는 집이라는 생각이 든다. 그런데 그는 이곳을 자신만의 공간으로 닫아두지 않고 사람들과 함께 쓰는 집으로 활용하고 있다. 손님 한번 들고나면 손 가는 일이 적지 않은 데다 지극히 사적인 공간을 잘 알지도 못하는 사람들에게 내보인다는 것이 마음 편한 일만은 아닐 터. 그럼에도 기꺼이 빗장을 열어두는 이유가 궁금해진다.

"집을 짓는 데 돈이 많이 듭니다. 저 역시 제가 모은 전 재산과 부모님 도움, 그리고 빚낸 돈도 일부 들어갔어요. 그런데 그렇게 해서 집을 지을 수 있는 사람이 많지 않다고 생각하니 혼자만 집을 쓰는 게 아깝고 미안해졌어요. 그래서 공부 모임 하는 교사들이 공부하고 토론하는 공간으로 열어두었습니다."

2층 화장실에 살이 닿는 좌변기 대신 옛날식 변기를 설치한 것도 애초부터 손님과 함께 쓸 공간으로 생각했기 때문이다. 단, 집을 사용한 손님은 돌아가기 전에 자신이 발 디딘 곳을 손걸레로 15분 정도 청소해야 하는 규칙이 있다. 그래서 방문할 사람에게는 찾아오는 방법과 집 사용 설명서를 메일로 보내준다.

"처음엔 손님에게 청소를 시킨다는 것이 머쓱해서 그냥 보냈는데 그러다 보니 뒤처리가 힘들어서 손님을 받고 싶은 마음이 없어지더라고요. 처음엔 왕처럼 받들다 나중엔 원수처럼 보인다고 하잖아요. 솔직히 손님이 오면 불편한 점이 있지요. 청소를 해주면 그런 마음이 사라지고 위로가 되기도 해요. 그리고 청소를 해야 한다고 하면 일단 좋은 분들이 옵니다. 술판이나 화투판 벌이는 분들은 아예 오지 않아요. 집을 개방해서 좋은 점도 있어요. 집은 사람 손을 적당히 타면 따뜻한 느낌이 감돌고 좋은 사람들이 왔다 가면 집의 기운도 좋아집니다. 아내와 혼인할 때도 이 점을 강조해 동의를 얻었습니다."

대지 250평 위에 지은 57평짜리 그의 집은 화려하지 않다. 그가 사는 집 이름은 추사 김정희가 쓴 글씨로 잘 알려진 '잔서완석루(殘書頑石樓)'이다. 낡은 책이 있는 거친 돌로 된 집이라는 뜻인데, 이름처럼 그 흔한 샹들리에도 시선을 압도하는 멋들어진 가구도 없다. 잔디 없는 흙마당의 조경도 집주인이 직접 했다. 못 먹는 것은 안 심는다는 원칙을 두고 먹을 수 있는 열매를 맺는 나무를 직접 사다 심었다. 비용에 맞추느라 외관도 미끈하고 세련된 콘크리트가 아니라 거칠거칠한 콘크리트로 마감했다. 집 어디에도 싼 것을 어설프게 비싼 척 흉내 내거나 적당히 포장하지 않았다. 사람으로 치면 솔직담백해서 매력적이라 하겠다. 촬영 중에도 그는 일부러 미화해 찍지 말고 주택살이의 불편함도 감추지 말아달라는 당부를 잊지 않았다. 그럼에도 이 집, 참 멋있는 집이다. 거품은 걷어내고 그 속에 사는 사람의 삶이 중심이 되는 집이기 때문이다. 집에 대한 예의란 이런 것이 아닐까 되짚어보게 하는 집이다.

끊임없이 외부로 드나들게 하는 툇마루가 넷이나 된다. 단독주택을 꿈꾸는 사람들에게 집주인이 강력 추천하는 공간이기도 하다.

마가목을 심은 2층의 안마당.

꼭 필요한 만큼 아담한 거실과 주방.

자주 들르시는 어머니가 머무는 1층 방.

안마당과 하늘이 한눈에 들어오는 2층 좁고긴방.

남자용 변기를 따로 설치한 1층 욕실.

쓰임새 많은 흙마당 한켠에 장독대가 있다.

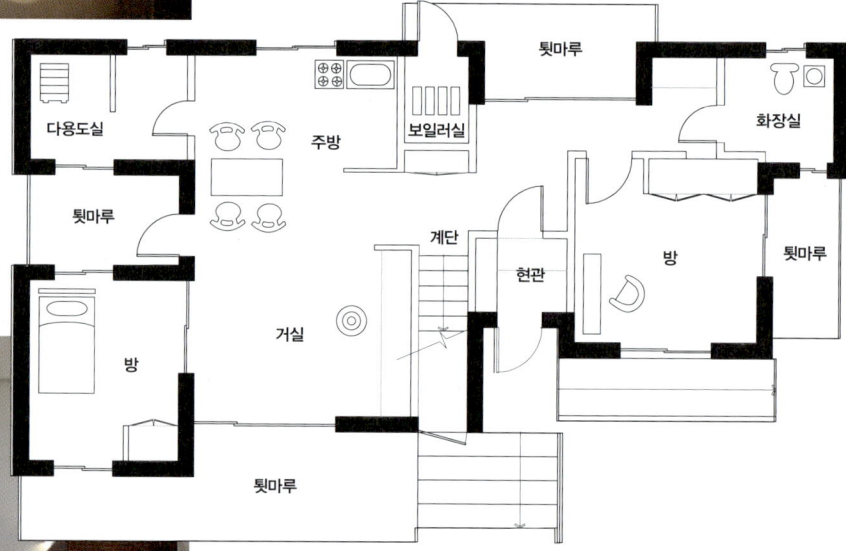

송승훈·이상용 씨 집 구조 1층 (102.7㎡)

거실에도 소파나 아트월이 아닌 계단형 책꽂이가 있다.

2층 옥상은 좁고긴방의 뒷문에서
연결되는 또 하나의 외부 공간이다.

손님들에게 내주는 2층 화장실엔
좌변기 대신 옛날식 변기를 설치했다.

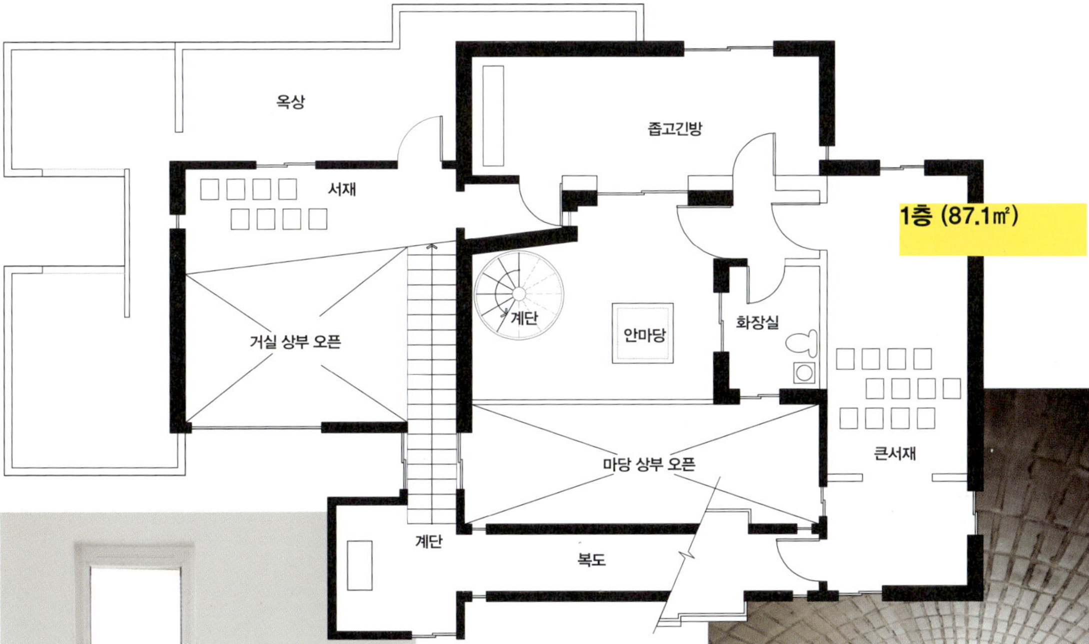

1층 (87.1㎡)

옥상 / 좁고긴방 / 서재 / 거실 상부 오픈 / 계단 / 안마당 / 화장실 / 큰서재 / 마당 상부 오픈 / 계단 / 복도

2층 계단 오른쪽 코너를 활용한 작은 서재.

어둑하지만 경건함이 감도는 2층 서재.

집 지을 사람들에게 추천하는 책

송승훈 씨는 건축가가 쓴 책을 꼭 사서 읽고, 건축 잡지를 보며 자신과 맞는 건축가를 찾으라고 말한다. 그 역시 책을 보기 전에는 건축가에게 설계를 의뢰할 생각을 못했다. 그가 읽은 여러 책중에서 실질적인 도움이 되고 기억에 남는 책 몇 권을 추천한다.

프랭크 로이드 라이트 자서전 프랭크 로이드 라이트 지음, 미메시스
계곡 위에 지은 집으로 널리 알려진 미국 건축가 프랭크 로이드 라이트의 자서전. 송승훈 씨는 이 책에서 사람들이 집을 지으며 겪는 다양한 사건을 보며 집 지을 '마음의 준비'를 했다고 한다. 건축가, 시공사, 건축주의 관계를 정립하는 데 도움이 된 책이다.

나는 다르게 생각한다 이일훈 지음, 사문난적
'생태건축 유감'이라는 글을 꼭 읽어보기를 권한다. 생태건축에 대해 사람들이 흔히 잘못 알고 있는 내용을 잘 짚었다. 또 삶을 건강하게 하는 집이 가치 있다는 내용을 담은 '좋은 집이란 무엇인가'와 '채나눔으로 건축하기'도 곰곰이 읽으면 집을 보는 눈을 씻을 수 있다.

이 집은 누구인가 김진애 지음, 샘터사
사람이 살고 싶은 집, 따뜻하고 행복한 집에 대한 이야기를 담았다. 이 책을 본 사람은 집을 먹고 자는 곳으로만 여기지 않고 그 이상을 꿈꾸게 된다. 집에 어떤 공간을 만들면 좋을지에 대해 구체적인 팁과 집 관리에 관한 정보도 얻을 수 있다. 바로 써먹을 수 있는 내용이 있다.

나는 문학에서 건축을 배웠다 김억중 지음, 동녘
공간을 주제로 문학과 건축을 연결한 책이다. 문학 속에 등장하는 인물의 삶과 그들 삶의 배경이 되는 공간을 매개로 자신의 건축론을 이야기한다. 집 전체가 탁 트이게 보이는 공간이 어떻게 그 집에 사는 사람을 숨 막히게 하는지 알 수 있다.

모형 속을 걷다 이일훈 지음, 솔출판사

건축가 이일훈이 주장하는 '채나눔'이라는 건축 철학을 통해 삶의 공간 이야기를 풀어간 책. 채나눔이란 불편하기 살기, 밖에서 살기, 늘려 살기를 뜻한다. 송승훈 씨는 이 책을 통해 건축가와 소통이 필요한 이유, 진정한 전통 계승의 핵심은 재료나 외형이 아니라 공간의 계승이라는 것을 깨달았다. 또한 공간이 분리되어야 오히려 가족 관계가 편해지고, 그림 같은 집보다 환기가 잘 되는 집이 좋은 집이라는 것을 알게 해준 책이다. '잔서완석루'의 기본 토대가 된 책이기도 하다.

건축이란 무엇인가 김영섭·김영준·김인철·김종규·김준성·민현식·승효상·이일훈·이종호·정기용·조성룡 지음, 열화당

우리 시대 중견 건축가 11명의 건축론을 모은 책이다. 현장에서 활발하게 활동하는 건축가들의 경험과 철학을 바탕으로 그들이 정의하는 건축이란 무엇이며, 좋은 건축이란 무엇인지에 대해 이야기한다. 다소 어려울 수도 있어 조금 부담 없는 책을 읽어 건축에 흥미를 가진 뒤에 보면 좋다.

아파트와 바꾼 집 박인석·박철수 지음, 동녘

아파트에 살던 두 가족이 아파트를 팔고 집을 짓는 이야기다. 집짓기 과정에서 무엇을 고민하고, 어디에 돈이 들어가는지에 대해 꼼꼼하게 정리해놓았다. 마음 맞는 건축가를 찾아서 제값을 내고 설계를 맡겨야 집이 제대로 되고 돈이 낭비되지 않는다는 사실을 이해하기 바란다.

작은 집 큰 생각 임형남·노은주 지음, 교보문고

비싼 집, 큰 집이 더 좋은 집이 아니라는 사색을 담은 책이다. 크고 비싼 집에 대한 욕망을 절제해야 할 때 읽으면 좋다. 형편 닿는 대로 마련한 크지 않은 집에서 무리 없게 사는 이야기들을 읽으며, 우리에게 꼭 필요한 것과 없어도 되는 것과 없어야 하는 것에 대해 생각할 수 있다.

집은 가족의 이야기다!

가족애가
느껴지는

삼대가
짓고
함께
엮는집

포천시 진웅용·우창숙 씨네

건물 **38** 평
대지 **157** 평

가족 구성	6인(부부, 부모님, 자녀 2명)
대지 면적	518m²
연면적	125.4m²(1층 105.6m², 다락방 19.8m²)
형태	지상 1층 흙집
공간 구성	1층_ 거실, 주방, 방 2개(자녀방, 부모님방), 욕실, 화장실, 다용도실 다락방_ 부부 침실, 책방, 화장실
공사 범위	신축
입주 시기	2011년
설계 및 시공	건축공방 無

진웅용·우창숙 씨 집은 황토와 스트로베일로 지은 자연친화적인 집이다. 지붕이 뚫린 중정을 사이에 두고 거실과 주방이 있는 본채와 부모님이 기거하는 별채가 독립적이면서도 하나로 연결되는 구조가 특징적이다. 사진의 왼쪽이 주방이고 가운데가 거실, 중정 건너편이 부모님의 공간이다.

흙, 나무, 사람이, 잘 버무려진
자연친화적인 단독주택

누군가 '어디 사세요'라고 묻는다면 어떤 이야기를 할 수 있을까? 동네 이름, 아파트 브랜드, 평형 정도 말하고 나면 소재가 바닥나지 않을까 싶다. 경기도 포천에 흙집을 짓고 사는 진웅용·우창숙 씨 집에서는 다르다. 집터를 보러 다니고 우여곡절 끝에 건축가를 찾고 집 지은 이들과 가족처럼 깊어진 인연, 집주인이 적극적으로 참여해 벽에 황토를 바르고 밥을 해대던 기억, 가족들의 아이디어가 반영된 공간, 우렁각시처럼 집 안팎을 가꾸면서 건강을 되찾은 부모님, 맘 놓고 집안을 누비는 두 딸의 이야기까지 듣기만 해도 흐뭇한 이야기가 끝없이 이어진다. 이들은 아파트에서 단독주택으로 옮기면서 공간의 변화만 경험한 것이 아니라 집을 매개로 가족의 이야기를 만들었다. 처음, 취재하고 싶다는 e메일을 보냈을 때 일주일 만에 돌아온 답장에는 이런 내용이 쓰여 있었다. 특별히 보여줄 만한 것도, 자랑할 만한 일도 아니라 부담스럽기도 하고 한편 부끄럽다고. 그리고 사는 사람의 삶은 보지 않고, 유형물로서의 집만을 보고 평당 가격 이외에는 별다른 관심이 없는 사람들을 보면서 안타까워 망설였다고. 짧지만 진심이 묻어나는 편지를 몇 번이고 다시 읽으면서 겉모습만 번지르르한 집이 아님을 짐작할 수 있었다. 앞서 잔서완석루에 사는 송승훈 씨가 아주 멋진 집이라며 이곳을 적극 추천한 이유도 조금은 알 것 같았다.

본채와 별채가 연결되는 회랑. 벽면을 유리와 나무 프레임을 접목해 마감하고 소품과 사진을 장식해 갤러리처럼 꾸몄다. 집주인과 건축공방 사람들의 아이디어가 더해져 아파트에서는 볼 수 없는 창의적인 공간들이 곳곳에 만들어졌다.

들어열개문을 설치한 아이방은 거실과 하나가 될 수도 있고 독립적인 방으로 분리되기도 한다.

복도에서 다락으로 오르는 계단.

복도, 아이방보다 바닥을 낮춘 거실.

집주인과 건축가가 함께 지은 집 이야기

의정부 시내 아파트에 살던 진웅용··우창숙 씨네는 얼마 전 포천에 흙집을 지어 이사했다. 일곱 살, 다섯 살배기 두 딸 시우와 나우가 다니는 대안학교가 있는 작은 마을이다. "처음엔 소박하게 마당 있는 단독주택을 꿈꿨어요. 그것이 조금씩 넓어지면서 자연과 가까운 시골이면 좋겠다, 기왕이면 좋은 동네면 더 좋겠다는 바람이 생긴 거예요."

주말이면 집이나 땅을 보러 다녔지만 마음에 들고 가격도 딱 맞는 집터 찾기가 쉽지 않아 집터를 정하는 데만 4~5년이 걸렸다. 마음처럼 되지 않을 땐 포기도 했다가 먼저 집 지은 선배의 조언을 듣고 다시 힘을 내기를 여러 번. 지금의 터는 아이들이 걸어서 학교에 다닐 수 있고, 교사인 부부가 근무하는 의정부와 서울까지 출퇴근하기에도 부담스럽지 않았다. 게다가 전원마을이라 자연과 가까이 살기 좋은 곳이었다. 본격적으로 집 지을 준비를 하면서 부부는 책도 열심히 읽고 먼저 집을 지은 선배와 이웃들의 집을 보고 조언을 들으며 어떤 공간에서 어떤 삶을 살지 머리를 맞대고 구체적으로 고민했다.

그 결과 흙과 나무를 주재료로 자연친화적인 집을 짓기로 했다. 따지고 보면 집을 짓는 것 자체가 친환경에 반하는 일이지만 그래도 파괴를 줄이기 위한 선택이기도 했다. 이 분야의 건축가를 알아보다 연이 닿은 것이 이일우 소장의 '건축공방 無'라는 건축공동체였다. 이곳은 설계와 시공을 함께 진행하고 건축주가 집 짓기에 적극적으로 동참한다는 점에서 일반 건축사무소나 시공사와 달랐다. 이들은 현장 근처에 숙소를 마련해 합숙하면서 아침부터 저녁까지 작업한다. 그리고 매일 밤 그날의 작업을 확인하고 문제점과 개선점을 찾고, 새로운 아이디어를 나누는 회의를 진행한다. 이 과정에 집주인이 능동적으로 참여해 소통하고 원하는 바를 충분히 요구해 짓는 방식이다. 돈만 내면 누군가 뚝딱 지어주는 집이 아니었다.

"집 짓는 동안 정말 적나라하게 토론을 많이 했어요. 예를 들면 다락의 폭을 두고도 넓히고 싶은 욕심과 그랬을 때 고려해야 할 시각적인 부분이나 환기의 문제까지 수많은 의견을 나누면서 최선의 선택을 해나갔습니다. 이런 방식이 힘들다고 느낄 수도 있는데 우리는 너무 좋았어요. 집이 완성되는 과정 하나하나를 가까이서 보고 참여하면서 우리 집의 이야기를 함께 쓴 거잖아요. 누가 일방적으로 만들어준 집이 아니라서, 함께 짓는다는 것 자체가 행복한 경험이었어요."

방학을 이용해 남편은 현장에서 일손을 보태고 아내는 밥을 지으며 함께했다. 그래서 집 안 곳곳 시선이 가는 곳마다 그때의 기억들이 살아난다고. 며칠 동안 작업에 매달려 완성한 벽이며 나사를 박은 기억, 화장실에 불이 나서 소동을 치렀던 에피소드까지 1년 남짓한 동안 일어났던 일들이 생생하다. 그렇게 해서 완성된 집은 저마다의 공간이 독립되어 있지만 공간의 흐름이 막히지 않고 소통하는 구조다. 부모님이 사용하는 별채와 본채가 나뉜 듯 자연스럽게 이어지고, 2층 다락방은 막히지 않아 1층이 훤히 내려다보이는 식이다.

건축가와 집주인의 아이디어가 더해지니 재미있는 공간들도 생겨났다. 입식으로 설계했던 주방에 툇마루를 들이고, 거실과 붙은 아이방에는 한옥에서나 볼 수 있는 들어열개문을 설치했는데 문을 닫으면 그대로 방이 되고 문을 들어 천장에 고정하면 거실이 확장된다. 아이방은 거실보다 바닥이 높아 때론 작은 무대가 되기도 한다. 이로써 춤추는 공간을 만들고 싶었지만 현실적인 여건상 마음을 접어야 했던 남편의 희망 사항도 일부 충족되었다. 별채와 거실을 잇는 복도 유리창에 나무 프레임을 접목해 갤러리처럼 만든 것이나, 거실과 방 곳곳에 툇마루를 만들고 그 아래 공간을 수납공간으로 활용한 것, 마당이 아닌 지붕에 잔디를 깐 것도 흥미롭다. 곳곳에 집주인과 건축공방 식구들이 머리를 맞대고 노력한 흔적이 남아 있다.

황토와 스트로베일로 만든 집임을 상징적으로 표현한 주방 벽.

구들장을 깔고 장작을 땔 수 있는 아궁이를 설치한 부모님방.

툇마루를 접목해 또 하나의 거실 역할을 하는 주방. 툇마루 아래는 수납공간으로 활용한다.

삼대가 함께 만드는 따뜻하고 흐뭇한 추억, 행복

단독주택으로 이사하면서 식구도 늘었다. 아이들의 외할아버지와 외할머니가 함께 살게 된 것. 이 점을 설계 당시부터 고려해 부모님방을 별채 형식으로 독립시킨 점도 눈여겨볼 만하다. 밖에서 보면 중정을 사이에 두고 안채와 별채가 떨어진 것처럼 보이지만 실내에서는 복도로 연결되어 거실과 주방으로 편하게 오갈 수 있고, 방 옆에 출입구를 따로 만들어 굳이 거실을 거치지 않고도 마당으로 드나들 수 있도록 했다. 또한 보일러와 함께 구들장을 깔고 장작을 땔 수 있는 아궁이를 따로 만들어 겨울이면 뜨끈뜨끈한 황토방이 된다. 마당 있는 집으로 이사 오면서 가장 바빠진 사람도 두 분 어르신이다. 마당 텃밭 가꾸랴, 뒷산에서 땔감 해오랴 당신들 스스로 할 일을 만드신다. 부부가 퇴근하고 돌아오면 마당 한켠에 장작이 한가득 쌓여 있는가 하면 텃밭이 늘어나 있기도 하고 아침에는 보이지 않던 나무가 심어져 있고 튼튼한 빨랫줄이 생기기도 한다. 부부가 가꿀 때는 영 신통치 않았던 텃밭도 두 분이 정성을 쏟으면서부터 몰라보게 풍성해졌다. 더 기쁘고 감사한 일은 아버님 건강이 눈에 띄게 좋아진 것이다.

"몇 달 전 이사 올 때는 휠체어를 타셨는데 지금은 직접 장작을 팰 정도로 건강해지셨어요. 당신 손이 닿아 눈에 띄게 달라지는 집 안팎을 보시면서 쓸모 있는 일을 한다는 생각에 존재감도 커지고 그런 것들이 삶의 보람이 되는 것 같아요. 언젠가 아이들이 할아버지방에서 잠이 들었는데 손수 아궁이에 군불을 때시면서 뿌듯해하시는 모습을 봐도 그렇고요."

할아버지 할머니와 살면서 아이들도 더욱 밝아졌다. 앞서거니 뒤서거니 2층 계단에서 엉덩방아를 찧으며 내려왔다가 이내 방으로 거실로 폴짝폴짝 뛰어다니는가 싶더니 금세 숨바꼭질 놀이를 하며 하하호호 웃음이 그치지 않는 아이들. 이렇게 부모님과 아이들의 삶이 변화하는 것을 보면서 부부는 부모님과 함께 사는 것이 얼마나 든든하고 고마운지 절감한다.

"요즘 유행하는 땅콩집을 부모님과 함께 지어서 사는 것도 좋을 것 같아요. 물론 관리나 비용적인 면에서 싼 것으로만 치면 아파트를 따라갈 게 없을 거예요. 그렇지만 그건 단기 차익에 불과합니다. 마당 있는 집에서 얻는 눈에 보이지 않는 아름다움, 보람, 가족의 행복, 이런 것들을 돈으로 계산할 수는 없으니까요."

그럼에도 많은 사람이 평당 건축비를 가장 궁금해한다. 대부분 그렇듯 이들도 애초의 예산을 초과했지만 모든 과정을 함께했기에 충분히 이해되는 부분이다. 그렇다 해도 대지 157평에 1층과 다락방을 합쳐 38평짜리 집은 서울의 아파트 가격과 견주어 비싸지 않은 편이다. 하지만 이 집이 진짜 부럽고 반가운 이유는 따로 있다. 바로 삼대가 함께 사는 집의 이상적인 모습을 보여주기 때문이다. 막연하기만 했던 추억을 쌓는 집, 마음이 사는 집이란 무엇인지 조금은 알 것도 같다. 그래서 세월이 갈수록 집과 함께 더욱 풍성해질 이 가족의 이야기가 더 궁금해진다.

다락 옆 아주 작은 방이 부부 침실이다. 창밖으로 나가면 주방 위쪽 지붕인데, 여기엔 잔디를 깔았다.

화이트 컬러로 도장한 벽과 황토로 마감한 벽이 조화를 이루는 집.

마당이 보이는 거실. 툇마루를 들이고 그 아래를 수납공간으로 활용했다.

진웅용·우창숙 씨 집 구조 1층 (105.6㎡)

1층 화장실.

부부 침실과 연결된 다락방.
벽으로 막히지 않아 1층이 훤히 내려다보인다.

겨우내 부모님방을 따뜻하게 해줄 장작.

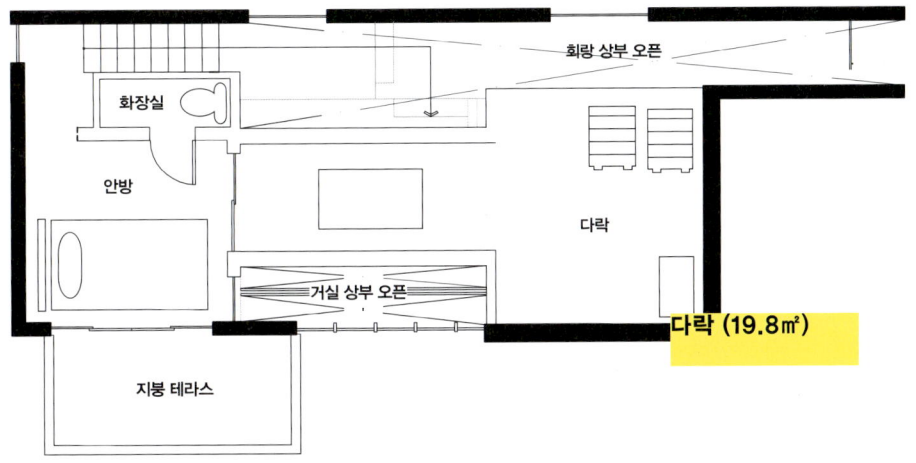

다락 (19.8㎡)

거실, 복도와 접한 아이방은 공간의 흐름이
소통하는 이 집의 매력이 잘 표현된 곳이다.

새로운 형태의 집, 모델하우스로 보다!

마당이 있고
이웃이 있는

중소형 타운하우스

파주 운정신도시　　　　도시농부 모델하우스

40평

$32_평$

분양 면적	105.6m²(32평형), 118.8m²(36평형), 132m²(40평형)
공간 구성	거실, 주방, 다용도실, 방 3개, 다락방, 화장실 등 7개 층 수직 구조 외부 공간_ 야외 정원, 옥상 테라스
분양 지역	경기도 파주 운정신도시
단지 가구수	1단지 20가구, 2단지·3단지 200여 가구
분양가	105.6m² 3억 3000만 원, 118.8m² 3억 9000만 원, 132m² 4억 5000만 원
문의전화	031-943-4530
홈페이지	www.dntown.co.kr

$36_평$

단독주택과 아파트의 장점을 결합한 집

머리로는 단독주택이 끌리면서도 막상 결정을 내리려니 자꾸만 주저하게 된다는 사람이 의외로 많다. 호기롭게 '그래 역시 단독주택이야' 했다가도 하룻밤 자고 나면 '정말 그래도 될까?'라며 다시 원점으로 돌아간다는 것. 그렇다면 아파트와 단독주택의 장점을 접목한 타운하우스가 대안이 될 수 있다. 타운하우스는 단독주택의 장점인 쾌적한 주거 환경과 프라이버시가 보호되는 독립적인 생활을 할 수 있다. 또한 단지가 공동 관리되고 방범 등의 문제가 해결된다는 점에서 아파트의 장점을 동시에 누릴 수 있다. 하지만 아직까지 타운하우스라고 하면 부유층의 주거 공간으로 알려져 있다. 넓은 면적에 고급 마감재를 사용하는 것은 물론 단지 내 시설과 특별한 공간을 갖춘 고급 타운하우스가 눈에 띄는 것은 사실이다. 최근에는 보다 대중적인 중소형 타운하우스도 등장해 단독주택을 꿈꾸는 보통 사람들에게 주목받고 있다.

각 층 사이의 개방감이 느껴지는 계단.

모던한 스타일의 주방.

프로방스 스타일의 주방. 모든 공간은 취향에 따라 맞춤 설계가 가능하다.

경사진 천장이 특징인 다락방 입구에 천창을 설치해 채광 효과를 높였다.

공부방 혹은 서재로 꾸민 공간. 한 층에 하나의 공간을 배치해 한결 여유로워 보인다.

타운하우스도 투자 대상에서 '사는 집'으로

타운하우스는 2~3층짜리 단독주택을 이어 붙인 형태를 의미한다. 위아래 층에 다른 집이 있는 것이 아니라 수직 공간을 한 가구가 독립적으로 사용한다는 점에서 일반 빌라나 연립주택과도 다르다. 흔히 아파트의 불편함으로 지적되는 층간 소음 문제 등에서 자유롭고, 가구마다 개별 정원 혹은 공동 정원이 있어 마당 있는 집에 대한 꿈을 실현할 수 있다. 또한 공동 문화레저 시설 등을 갖추고 있어 입주민 간의 커뮤니티 형성이 용이하다는 점도 장점으로 꼽힌다. 마당이 있고 이웃이 있고 마을이 있는 집의 한 형태인 것이다. 아파트에 비해 소규모 단지고 차별화된 인테리어와 철저한 보안 시스템을 갖춘 타운하우스는 땅을 밟으며 여유롭게 살고 싶다는 기대에 부응하면서 인기를 끌었다. 한때 고층아파트에 대한 로망이 초고층 주상복합아파트로 이어지는가 싶더니 몇 년 전부터 고급 타운하우스가 부상한 것도 그런 이유다. 고급 타운하우스 붐을 주도한 것은 2005년 분양한 파주의 헤르만하우스. 이후 주거 공간의 트렌드로 주목받으면서 국내외 유명 건축가와 디자이너들이 앞다퉈 설계에 참여해 명품 타운하우스를 강조하는 추세였다. 건설사들도 경기도 용인 동백, 죽전, 동탄 등 서울 근교 택지개발지구에 타운하우스를 짓기 시작했다. 대부분 고급 주거 공간을 표방하며 중대형으로 지었고 가격도 높은 편이었다.

최근 경기도 파주에 완공한 헤르만하우스 2단지의 경우도 모든 집에서 녹지를 조망할 수 있고 작품 전시를 할 수 있는 픽처 레일이 설치되어 있는가 하면 6m가 넘는 천장고를 자랑하는 거실, 디자인 감각이 돋보이는 외관, 가구별 엘리베이터 등의 시설을 갖추고 있다. 무엇보다 자연 친화적인 조경을 통해 쾌적한 주거 환경을 누릴 수 있다는 점은 타운하우스의 가장 큰 매력이다. 아파트처럼 환금성이 높진 않지만 투자 목적이 아니라 정말 살 집을 원한다면 관심을 가져볼 만한 집이다.

보통 사람을 위한 중소형 타운하우스의 등장

최근에는 실속 있는 중소형 타운하우스가 등장해 관심을 끌고 있다. 서민들에게는 그림의 떡이었던 타운하우스가 현실적으로 내가 살 수 있는 집의 하나로 인식되기 시작한 것이다. 땅콩주택이 모인 공동주택 단지 '땅콩밭'도 일종의 타운하우스에 속한다. 그리고 대표적인 중소형 타운하우스로 꼽히는 곳이 파주에 있는 '도시농부'다. 주로 30평형대로 조성된 이곳은 공간을 수직적으로 활용한다는 점에서 좁은 바닥 면적을 효율적으로 활용하고 있다. 한 동에 4가구로 구성된 공동주택이지만 단독주택처럼 마당이 있고 하늘로 난 천창이 있는 집은 32평형과 36평형 모두 3억 원대로 중소형 아파트 가격 수준이다.

이곳 타운하우스는 거실, 주방, 방 3개, 욕실, 다용도실, 정원, 옥상 테라스 등 9개의 공간으로 구성된다. 하지만 아파트처럼 한 층에 모든 공간을 배치하는 것이 아니라 한 층에 하나의 공간이 들어가는 구조로, 각 층을 반 층 높이로 설계하는 스킵플로어(skip floor) 방식이라는 점이 특징이다. 따라서 밖에서 보면 2~3층 높이지만 안에서는 7개의 층으로 나누어지는 셈이다. 하지만 각 층이 벽으로 막혀 있지 않아 층 사이에 개방감이 느껴져 답답하지 않다. 또한 아파트처럼 일률적인 구조와 인테리어가 아니라 거주자의 취향에 따라 맞춤 설계가 가능하다. 예를 들어 반지하의 경우 전체를 욕실로 쓰는 사람이 있는가 하면 일부는 작은 욕실로 사용하고 나머지 공간을 다용도실이나 작업실로 사용할 수도 있다. 가족실도 필요에 따라 손님 응접실이나 서재로 활용 가능하고, 거주자가 노약자라면 계단을 완만하게 조정할 수도 있다. 공간이 독립되어 있어 삼대가 함께 사는 집으로도 인기가 있다. 좀 더 독립적인 공간을 원할 경우 나란히 두 채를 구해 두 집 사이의 벽에 문을 내는 경우도 있다. 다만, 온수는 태양열을 이용해 해결하지만 난방은 기름보일러라는 점에서 겨울철 관리비가 부담스러

자녀방으로 활용한 공간.

각 층을 반 층 높이로 설계해 답답하지 않다.

유리 도어를 설치해 개방감을 살린 공간.

반지하이면서 정원으로 통하는 다이닝룸.

울 수 있다. 하지만 단열재를 이중으로 시공해 일반 주택에 비해 단열 효과를 높여 난방비 부담을 줄였다는 것이 업체 측의 설명이다.

타운하우스의 이점이라 할 수 있는 24시간 보안 서비스, 출근과 등·하교를 돕는 셔틀 서비스, 안전 택배 서비스, 세탁물 수거 서비스 등 입주민 관리 프로그램도 마련되어 있다. 최근에는 브런치 바도 오픈했다. 이미 입주해 살고 있는 단지의 경우, 이웃 간의 소통이 다른 공동주택에 비해 활발하고 관계가 끈끈하다는 점을 장점으로 내세우기도 한다.

집에 대한 생각이 변화하면서 타운하우스를 바라보는 시각도 점차 투자에서 거주 목적으로 바뀌고 있다. 물론 누구에게나 단독주택이 정답은 아니듯 타운하우스도 고급형이냐 실속형이냐가 중요한 것은 아니다. 다만 단독주택이나 아파트 외에 또 다른 삶의 공간으로서 타운하우스가 생겨 선택의 폭이 넓어졌다는 것은 반가운 일이다.

부부 침실로 활용한 공간.

거주자의 라이프 스타일에 따라 한 층을 가족실로 사용할 수도 있다.

맨 꼭대기층은 아이들이 좋아하는 다락방이다.

한 층 전체를 널찍한 욕실로 만든 공간.

자투리 공간을 활용한 수납장.

도시농부 집 구조

계단 옆 벽면을 갤러리 월로 활용한 아이디어.

한실로 꾸민 거실 겸 가족실.

공동주택이지만 집집마다 개별 정원이 딸려 있다.

접이식 침대를 설치해 침실 외에 다른 공간으로도 활용 가능한 다목적 공간.

설계 시 계단의 스타일뿐 아니라 경사도 완만하게 조절할 수 있다.

친환경 미래형 집, 모델하우스로 보다!

앞선 기술로
지은

일본식 집

용인시 중동   미사와홈 모델하우스

건물 **47** 평
대지 **68** 평

적합 가구	4인 가족
대지 면적	224m²
연면적	155m²(1층 89m², 2층 66m²)
형태	지상 2층 목조주택
공간 구성	1층_ 거실, 주방, 보조주방, 다다미방, 화장실
	2층_ 부부 침실, 자녀방, 서재, 욕실, 화장실
	외부 공간_ 1층 테라스와 연못, 2층 테라스
건축비	3.3m²당 1000만 원(대지 구입 비용은 별도)
모델하우스 위치	경기도 용인시 기흥구 중동 936-6
문의 전화	1599-6032 (미코하우스)
홈페이지	cafe.naver.com/misawahome, www.micohouse.com

환경친화적인 에너지 시스템과 편리한 첨단 시설을 갖춘 일본식 단독주택의 아이디어가 반영된 미사와홈 모델하우스. 주요 구조를 공장에서 생산 가공해 현장에서 조립하는 공업화 주택이라 시공 기간이 짧다. 마당을 향해 거실과 다이닝룸이 오픈된 구조다.

편리한 집, 안전한 집, 오래도록 장수할 집

우리나라에서 단독주택에 대한 인기가 치솟으면서 일본의 단독주택 전문 기업이 속속 한국에 진출했다. 무엇보다 일본은 50여 년간 꾸준히 단독주택 시장이 성장해왔고 그만큼 기술력에서 앞서는 것이 사실이다. 일본의 특성상 지진에 강한 구조라거나 단독주택에서 가장 걱정되는 부분인 단열, 방음, 방수 등 기능적인 면을 눈여겨볼 만하다. 친환경 에너지 주택의 면모도 엿볼 수 있다. 한국에 진출한 일본의 단독주택 전문 업체들이 선보이는 모델하우스에서 단독주택 선진국의 앞선 기술과 아이디어를 얻을 수 있다.

집 짓기도, 관리도 앞선 일본의 단독주택

우리나라 사람들의 인생 최대 과제가 내 집 마련인 것처럼 일본에서도 내 집 마련에 대한 꿈은 절실한 것이다. 하지만 집을 바라보는 관점은 조금 다르다. 일본에서는 그야말로 주거 공간으로서의 집을 먼저 생각한다. 집을 선택하는 데 있어 재테크 가치보다 라이프 스타일을 우선시한다. 살다 보면 라이프 스타일과 가족 구성원이 바뀌기도 하는데 그때마다 집을 옮기기보다는 집을 고쳐가며 사는 경우가 많다고 한다. 주택 구입 및 건축 비용이 만만치 않지만 저금리로 대출을 받을 수 있고 상환 기간도 30년이 넘기 때문에 평생 살면서 갚는다.

널찍한 아일랜드 작업대를 설치한 쾌적한 주방.

다이닝룸은 밥을 먹는 공간인 동시에 가족실 기능까지 담당한다.

채광이 좋은 1층 거실.

2층 계단 옆 벽에도 창을 내어 집이 밝다.

방문 위의 작은 쪽창은 공기 순환을 위한 아이디어.

거실 창은 이중 개폐 장치와 방탄 유리로 단열, 방음, 방범 기능이 우수하다.

주택 공급량에 있어 단독주택이 아파트보다 많고, 아파트보다 단독주택을 선호한다는 점도 우리와는 다르다. 아파트 공화국이라 불리는 우리나라에서는 공동주택이 발달했다면 일본에서는 일찍부터 단독주택이 발달했다. 제2차 세계대전 이후 지금까지 단독주택 시장이 꾸준히 성장해온 까닭에 풍부한 시공 경험과 노하우가 쌓였음은 물론이다. 최근 우리나라에서 땅콩집이 유행하면서 목조주택에 대한 관심이 커졌는데 일본에서는 단독주택의 상당 부분이 목조주택일 정도로 주류를 이루고 있다.

일본 단독주택의 강점이라면 단연 기술력을 꼽을 수 있다. 집을 짓는 방식은 물론 구조, 기능, 편의성 등에 있어 우리나라보다 앞선 것이 사실이다. 우리나라에 대기업의 아파트 브랜드가 있는 것처럼 일본에는 단독주택 전문 회사가 상당수라고 한다. 특징적인 것은 모듈러 주택(공업화 주택)이 발달했다는 점. 대형 주택회사들이 선호하는 모듈러 주택은 벽, 지붕 등 주요 구조를 공장에서 전량 생산 가공해서 현장에 가져와 조립 시공한 집이다. 현장에서 이루어지는 공정이 대폭 줄어드는 만큼 공사 기간이 단축되고 시공하는 과정에서 설계를 변경하는 일이 없기 때문에 품질이 안정적이다. 또한 지진 등의 자연재해에 대비해 과학적으로 검증된 기술과 공법을 개발, 적용하는 것은 물론 오랜 기간에 걸쳐 검증된 기준을 철저히 지키기 때문에 튼튼하다. 최근에는 지진 등의 재해에도 안전하고 수명이 긴 주택을 지향하고 있다. 일본의 주택건설업체인 세키스이하임이 한국에 지은 모델하우스도 수명 140년을 고려해 설계한 것이다.

단독주택을 전문 관리 업체도 있다. 시공 업체에서 집을 짓고 나면 일정 기간 본사 A/S시스템을 통해 사후 관리를 하다가 정해진 기간이 끝나면 전문 위탁 업체로 넘기기 때문에 사실상 지속적인 관리가 가능하다. 우리나라에 진출한 일본의 단독주택 업체 중에는 이러한 관리 시스템을 한국에서도 운영할 계획인 곳도 있다.

게스트룸으로 활용할 수 있는 1층 다다미방. 테이블을 아래로 내리면 바닥이 편평한 방이 된다. 벽 아래쪽에 가로로 길게 창을 낸 것도 눈에 띈다.

일본의 앞선 수납 아이디어를 접목한 2층의 안방.

1층 보조주방.

욕실과 세면대를 분리한 2층 욕실.

단독주택은 불편하다는 선입관을 깨다

최근 한국에 진출한 일본의 단독주택 브랜드는 4개 정도다. 메이저 급 브랜드인 세키스이하임과 미사와홈을 비롯해 한국에 독립 법인을 설립한 타니가와, 그리고 국내 기업과 합작한 스미토모임업 등이다. 이들은 저마다 모델하우스를 통해 일본의 앞선 단독주택 기술과 아이디어를 제시하며 적극적인 마케팅을 펼치고 있다.

그중 대표적인 목조주택 브랜드인 미사와홈 모델하우스에서 환경친화적인 에너지 시스템과 편리한 시설을 두루 갖춘 일본식 단독주택의 일면을 볼 수 있다. 흔히들 걱정하는 단독주택의 보안, 관리비, 단열 문제에 대한 해법을 제시하기도 한다. 이 집은 일본 현지 공장에서 생산 가공한 부자재를 들여와 현장에서 조립하는 모듈러 주택이다. 대지 면적 68평에 1층 27평, 2층 20평 구조의 집이 2개월 정도면 완성된다. 공사 기간은 짧지만 진도 8 정도의 지진에도 견디는 내진 설계를 적용했다.

마당에 작은 연못이 있고 거실 앞에 덱을 설치한 모델하우스는 어린 자녀를 둔 4인 가족에 맞춰 설계되었다. 1층에는 거실, 주방, 보조주방, 화장실, 다다미방이 있고 2층에는 방 3개와 화장실, 욕실, 베란다가 배치되었다. 구조는 취향에 따라 바꿀 수 있는 맞춤 설계가 가능하다. 설계가 완성되면 일본에서 최종 검토한 뒤 일본 현지 공장에서 건축 부자재를 만들어 한국에서 조립하는 방식으로 작업이 이루어진다. 흥미로운 점은 지붕에 태양광 발전 모듈을 설치해 자체적으로 전기를 생산한다는 것이다. 지진이 잦아 가스보다 전기를 선호하는 일본의 상황을 반영한 것인데 이로써 필요한 에너지 사용량의 절반 정도는 해결할 수 있다고 한다. 난방은 지열보일러를 설치해 해결함으로써 전체적인 관리비가 저렴한 편이다.

보안과 단열은 창호로 보완했다. 벽체와 일체형으로 제작된 창 바깥에 방범 셔시를 설치하고, 창호마다 지진에 강한 방탄유리를 사용해 안전하다. 창틀과 창호 사이에는 이중개폐 장치가 있어 단열과 방음 효과도 뛰어나다. 창문을 모두 닫으면 에너지 효율이 높아지는데 이때는 공기순환장치를 가동해 실내 공기를 쾌적하게 유지할 수 있다. 홈 네트워크 시스템을 개별 주택에 적용한 점도 눈에 띈다. 집 밖에서도 스마트폰 등을 통해 전자제품, 조명, 커튼, 창문, 난방 등을 조절할 수 있다. 그 외에 슬라이딩 사다리를 이용해 다락방 느낌을 살린 아이방, 일본다운 수납 아이디어가 돋보이는 수납공간 등도 활용할 만하다.

첨단 시스템과 일본 자재를 사용한 까닭에 평당 건축비는 1000만 원 정도. 일반 단독주택 건축비에 비하면 만만치 않은 가격이지만, 단독주택은 불편하다는 고정관념에서 벗어나 편리하고 안전한 집, 수명이 길게 가는 집에 대한 아이디어를 배울 수 있다는 점에서 의미가 있다 하겠다.

2층 계단 옆 공용 화장실.

1층 다다미방에서 주방을 바라본 모습.

미닫이문을 통해 바깥 풍경을 볼 수 있는 다다미방.

거실 대면형 주방.

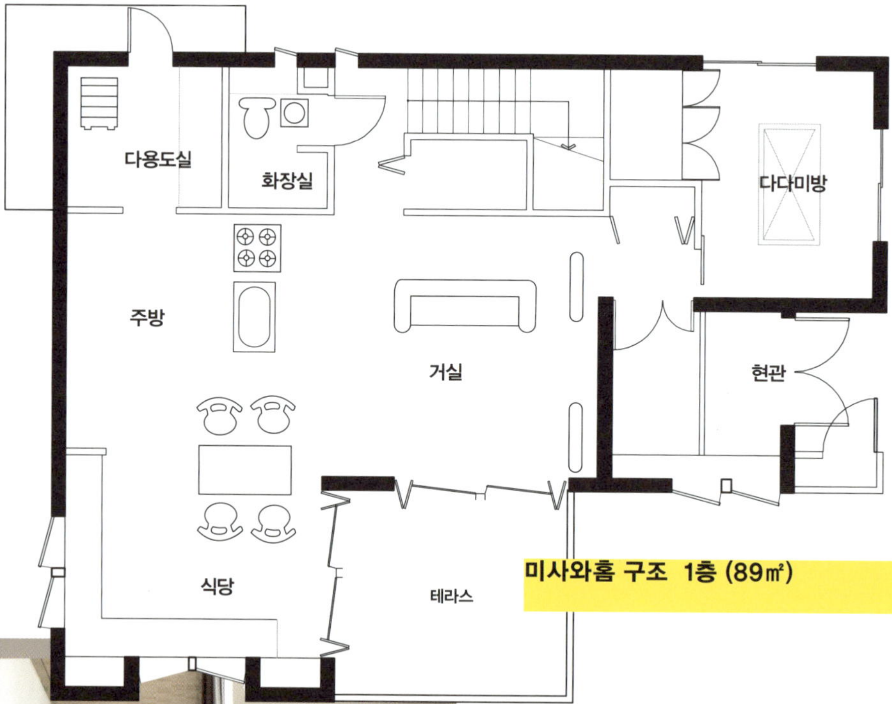

미사와홈 구조 1층 (89㎡)

실내외는 물론 수직적으로도 개방감이 느껴지는 거실.

작은 연못이 있는 마당.

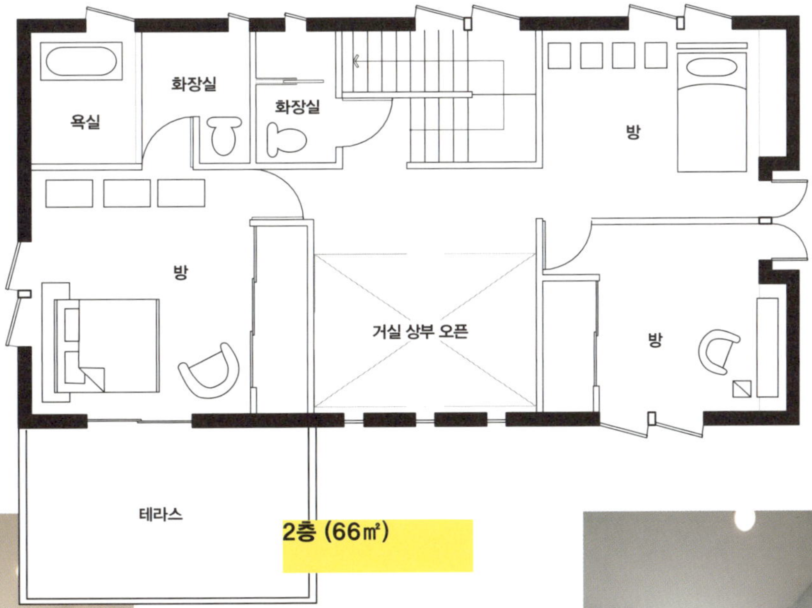

```
욕실   화장실   화장실         방

        방      거실 상부 오픈    방

              테라스    2층 (66㎡)
```

2층까지 뚫린 거실 위쪽에
작은 쪽창을 내어 채광 효과를 높였다.

사다리를 타고 오르내릴 수 있는
다락방을 들인 2층 아이방.

살고 싶은

집

단독주택

2판 2쇄 발행	2025년 6월 23일	
지 은 이	유은혜	
발 행 인	임채청	
사 진	마루스튜디오	
디 자 인	miz+OZoh	
인 쇄	도담프린팅	
펴 낸 곳	동아일보사	
등 록	1968.11.9(1-75)	
주 소	서울시 서대문구 충정로 29(03737)	
편 집	02-361-1069 팩스 02-361-0979	

편집저작권 ⓒ 2022 동아일보사
이 책은 저작권법에 의해 보호받는 저작물입니다.
저자와 동아일보사의 서면 허락 없이 내용의 일부를 인용하거나 발췌하는 것을 금합니다.
제본, 인쇄가 잘못되거나 파손된 책은 구입하신 곳에서 교환해드립니다.

ISBN 979-11-92101-09-5 13590
값 21,000원

값 21,000원

ISBN 979-11-92101-09-5